颠覆性技术形成产业的创新生态系统研究
——以石墨烯产业为例

李 莉◎著

RESEARCH ON THE INNOVATION ECOSYSTEM OF
DISRUPTIVE TECHNOLOGY FORMING INDUSTRY
—TAKING GRAPHENE INDUSTRY AS AN EXAMPLE

经济管理出版社
ECONOMY & MANAGEMENT PUBLISHING HOUSE

图书在版编目（CIP）数据

颠覆性技术形成产业的创新生态系统研究：以石墨烯产业为例／李莉著 . —北京：
经济管理出版社，2023. 11

ISBN 978-7-5096-9443-5

Ⅰ.①颠…　Ⅱ.①李…　Ⅲ.①石墨—纳米材料—高技术产业—研究—中国
Ⅳ.①F426. 75

中国国家版本馆 CIP 数据核字（2023）第 217955 号

组稿编辑：赵亚荣
责任编辑：赵亚荣
责任印制：黄章平
责任校对：蔡晓臻

出版发行：经济管理出版社
　　　　　（北京市海淀区北蜂窝 8 号中雅大厦 A 座 11 层　100038）
网　　　址：www. E-mp. com. cn
电　　　话：（010）51915602
印　　　刷：北京晨旭印刷厂
经　　　销：新华书店
开　　　本：710mm×1000mm /16
印　　　张：13
字　　　数：203 千字
版　　　次：2023 年 12 月第 1 版　　2023 年 12 月第 1 次印刷
书　　　号：ISBN 978-7-5096-9443-5
定　　　价：78. 00 元

前言

　　每次产业革命发生与发展的根本动力往往来自历史上最为典型的突破性、颠覆性技术。新一轮科技革命和产业革命正在加速演进，实现重大颠覆性技术的成功产业化，抓住千载难逢的历史机遇，抢占科技制高点和市场先机，是中国实现后发赶超的必由之路。随着创新范式从线性范式、创新体系转向网络化、生态化的创新生态系统，各国在颠覆性技术和未来制高点上的竞争很大程度上变成了产业创新生态系统的竞争。推动颠覆性技术形成产业的创新生态系统的完善既是全球竞争的焦点，也是难点。因此，颠覆性技术形成产业的创新生态系统的构成是什么，是如何演化的，演化的机制是什么，国家如何制定相关战略和政策是亟待回答和解决的问题。

　　本书首先基于对颠覆性技术和产业创新生态系统相关文献的系统梳理，归纳了既有研究的不足，提出了本书的研究思路和研究方法；其次，对颠覆性技术、产业创新生态系统等基本概念进行界定，以演化经济学、技术创新、复杂网络等理论为基础，结合国内外关于产业创新生态系统的研究，分析了颠覆性技术形成产业的过程和特殊性，构建了颠覆性技术形成产业的创新生态系统结构、演化阶段和相关机制的理论框架。

　　基于以上研究，本书接下来对石墨烯产业创新生态系统进行实证分析。首先，对石墨烯产业的发展阶段和现状进行分析，给出选择石墨烯产业作为实证对象的理由；其次，基于价值网络分析法构建了两个石墨烯产业创新生态系统的复杂网络，并对石墨烯产业创新生态系统的构成和相互关系进行分析，进一步基于价值网络和系统动力学方法对其演化进行深入分析，剖析系统演化的机制并进行仿真预测；最后，在以上研究的基础上，结合中国石墨烯产业政策分析，从创新生态系统的视角对石墨烯产业提出针对性的政策建议。

研究认为，颠覆性技术形成产业需经历技术主导阶段、应用主导阶段、市场主导阶段和成熟阶段的演进过程，存在技术转为应用（T-A）、应用转为市场（A-M）以及市场转为产业（M-I）的关键节点，具有不连续性、爆发性、边缘性、不确定性、替代性特征。颠覆性技术形成产业的创新生态系统可以看作一个新的由多元创新主体构成的具有参差交错复杂结构关系的动态的、开放的复杂网络的形成和演化，通过形成机制、运行机制和演化机制共同促进系统的演化，各演化阶段创新主体数量、相互联系和资源流动状态及对应复杂网络特征不同。

研究认为，石墨烯产业已完成技术到应用的转变，当前正处于应用主导阶段，具有"撒手锏"级应用的产品主导设计正在突破的前夜，已初步形成产业，未来将进一步形成主导产业并引发变革，因而对石墨烯产业创新生态系统的研究既能印证已有理论，研究成果也能进一步指导石墨烯产业的现实发展。从构成来看，石墨烯产业创新生态系统分为三个层次、五个种群、九个类型；从互动关系来看，包括核心层产业运行种群内部企业之间的互动、核心层与辅助层之间的互动，以及核心层、辅助层与环境层之间的互动；从演进过程来看，石墨烯产业创新生态系统已经历孕育期，正处于萌芽期，即将迈入成长期；从形成机制来看，属于中小企业主导、政府引导、高校和科研机构衍生并存的创新主体集聚模式；从动力机制来看，在市场竞争的压力和动力下，需求牵引和技术推动主体之间构成协同互补网络，各主体依托各自比较优势进行互补性合作，在竞合机制、扩散机制和保障机制的作用下，推动石墨烯产业创新生态系统的不断演化；系统动力学分析表明，石墨烯生产商和石墨烯应用企业的技术输入以及需求结构变化对系统未来影响较大。

研究认为，未来中国石墨烯产业政策要抓住攻克制备、分散、应用等关键技术的"牛鼻子"，从创新生态系统整体上考虑石墨烯产业政策，助力石墨烯产业实现应用到市场的转变，进入市场主导阶段：一是加强顶层设计，保持战略定力；二是打造良好的石墨烯产业创新生态；三是加强石墨烯产业的资源整合和标准制定。

根据以上研究，本书认为应该注重颠覆性技术形成产业的创新生态系统阶段识别，尤其要注重颠覆性技术形成产业关键节点的识别，在不同阶段、不同节点制定差异化政策，构建基于颠覆性技术形成产业的创新生态系统的政策体系，有效支持和刺激关键节点的形成和过渡，助推颠覆性技术形成产业。

本书对颠覆性技术形成产业的创新生态系统进行了较为全面的分析和探讨，主要贡献包括以下三个方面：①将颠覆性技术形成产业的过程与创新生态系统、创新政策的演进阶段相结合，综合分析不同阶段创新生态系统的特点，并提出促进颠覆性技术形成产业过程中关键阶段和关键节点转变的政策措施；②对处于应用主导阶段的石墨烯产业进行实证分析，运用网络爬虫技术抓取典型石墨烯企业的投融资、技术合作和人力资本关系数据，构建复杂网络，研究颠覆性技术形成产业的创新生态系统的结构、演化的过程和机制；③采用系统动力学方法对石墨烯产业创新生态系统未来发展趋势进行预测。

目录

第一章 绪论 ………………………………………………… 1

第一节 研究意义与问题提出 …………………………… 1

第二节 文献综述 ………………………………………… 3

　一、颠覆性技术相关研究 ……………………………… 3

　二、产业创新生态系统相关研究 ……………………… 7

　三、评述 ………………………………………………… 13

第三节 研究目的 ………………………………………… 15

第四节 研究思路与主要内容 …………………………… 15

第五节 研究方法 ………………………………………… 18

　一、跨层次分析法 ……………………………………… 18

　二、价值网络分析法 …………………………………… 18

　三、系统动力学法 ……………………………………… 19

　四、统计分析法 ………………………………………… 19

　五、内容分析法 ………………………………………… 19

第六节 研究创新点 ……………………………………… 20

第二章 颠覆性技术形成产业的创新生态系统理论基础与框架 …………… 22

第一节 相关概念界定 ………………………………………………… 22

一、颠覆性技术 ……………………………………………… 22

二、产业创新生态系统 …………………………………… 23

第二节 理论基础 ………………………………………………… 25

一、演化经济理论 ……………………………………… 26

二、技术创新理论 ……………………………………… 27

三、复杂网络理论 ……………………………………… 32

第三节 颠覆性技术形成产业的创新生态系统的结构 …………… 35

一、核心层及相互之间的关系 …………………………… 36

二、辅助层及相互之间的关系 …………………………… 36

三、环境层及相互之间的关系 …………………………… 38

第四节 颠覆性技术形成产业的创新生态系统的演化 …………… 40

一、颠覆性技术形成产业的过程 ………………………… 40

二、颠覆性技术形成产业的特殊性 ……………………… 43

三、颠覆性技术形成产业的创新生态系统的演化阶段 …… 44

四、颠覆性技术形成产业的创新生态系统演化的机制 …… 48

第五节 本章小结 ………………………………………………… 53

第三章 中国石墨烯产业的发展历程与现状 ………………………… 55

第一节 石墨烯技术的颠覆性潜力 …………………………… 55

第二节 中国石墨烯产业的发展历程 ………………………… 56

一、技术主导阶段 ……………………………………… 57

二、应用主导阶段 ……………………………………… 57

第三节　中国石墨烯产业的发展现状 ……………………… 58

第四节　中国石墨烯产业发展的制约因素 ………………… 61

第五节　本章小结 …………………………………………… 62

第四章　石墨烯产业创新生态系统的结构研究 ……………… 64

第一节　研究设计与说明 …………………………………… 65

一、研究设计 …………………………………………… 65

二、研究样本的选择及石墨烯样本企业基本情况分析 …… 67

第二节　石墨烯产业创新生态系统整体价值网络分析 …… 74

一、石墨烯产业创新生态系统的复杂网络拓扑结构与

特征 ………………………………………………… 74

二、石墨烯产业创新生态系统人力资本关系分析 …… 78

三、石墨烯产业创新生态系统投融资关系分析 ……… 81

第三节　基于技术关系的石墨烯产业创新生态系统价值网络

分析 ………………………………………………… 83

一、石墨烯产业创新生态系统的复杂网络拓扑结构和核心节点 …… 83

二、石墨烯产业创新生态系统的复杂网络的结构特征 ……… 85

三、石墨烯产业创新生态系统的复杂网络构成 ……… 87

第四节　石墨烯产业创新生态系统的结构 ………………… 97

一、石墨烯产业创新生态系统构成及功能作用 ……… 97

二、石墨烯产业创新生态系统互动关系 ……………… 99

第五节　本章小结 …………………………………………… 101

第五章　石墨烯产业创新生态系统的演化研究 ……………… 103

第一节　基于价值网络分析的石墨烯产业创新生态系统演化

研究 ………………………………………………… 104

一、复杂网络的结构演化 ·············· 104

二、石墨烯产业创新生态系统的演化过程 ·········· 114

三、石墨烯产业创新生态系统演化的机制分析 ······ 117

第二节　基于系统动力学建模与仿真的石墨烯产业创新生态系统演
化分析 ···················· 124

一、石墨烯产业创新生态系统的因果关系 ········· 125

二、系统动力学模型构建及参数设定 ··········· 127

三、历史数据检验 ················· 133

四、模型仿真结果与分析 ·············· 135

第三节　本章小结 ················· 141

第六章　中国石墨烯产业的创新政策研究 ········· 144

第一节　中国石墨烯产业的政策分析 ··········· 144

一、基于统计分析方法的中国石墨烯产业政策现状分析 ······ 144

二、基于内容分析方法的石墨烯产业政策作用机理分析 ······ 159

第二节　我国石墨烯产业发展相关政策建议 ········ 169

第三节　本章小结 ················· 170

第七章　研究结论与政策建议 ············· 172

第一节　主要结论 ················· 172

第二节　政策建议 ················· 174

第三节　研究不足及展望 ·············· 176

参考文献 ····················· 178

后　记 ······················ 194

绪　论

第一节　研究意义与问题提出

通过考察 18 世纪的英国工业革命，马克思揭示了工业革命的实质是技术革命引起社会生产力的重大飞跃和整个生产方式的革命性变革。纵观历次产业革命，每次产业革命发生与发展的根本动力往往来自历史上最为典型的突破性、颠覆性技术——蒸汽技术、电力技术、控制技术、信息和生物技术，这些颠覆性技术通过不断地应用、扩散，产生新要素结构、新生产方式和新生产组织，形成新的占主导地位的生产函数，从而引起已有产业或部门结构其至整个国家产业体系发生颠覆性变革。以下是几次产业革命中形成的新产业：纺织业、冶金业、煤炭业、钢铁工业、交通运输业（铁路和海运）→机械制造、电信业、汽车工业、石化工业→汽车制造、计算机制造、石油化工、原子能、航空航天→信息产业、生物产业、新能源和纳米产业。当前，在新一轮科技革命和产业革命即将来临之际，颠覆性技术蓬勃发展，生命科学、信息、能源等技术融合交叉、深度渗透，物联网、云计算、自动驾驶、石墨烯等颠覆性技术已经步入产业化突破的重要节点。

为抓住这一时代契机，谋划抢占科技制高点和市场先机，世界各国无论是政府还是企业均相继颁布促进技术创新和产业发展的战略规划、政策措施。党的十九大报告强调要突出颠覆性技术创新，《中华人民共和国国民经济和社会发展第十四个五年规划和 2035 年远景目标纲要》也提出要加强颠覆性技术供给。为贯彻落实中央精神和相关部署，近几年中华人民共和国科学技术部、中国工程院、中国科学院等机构进行了多层次实践探索，如举办全国颠覆性技术创新大赛、设立颠覆性技术专项、设立颠覆性技术创新基金以及持续开展颠覆性技术战略研究，探索颠覆性技术"发现—遴选—培育"的新机制。此外，针对重大的已经得到广泛共识的颠覆性技术，如人工智能、石墨烯、量子计算、区块链等，我国也出台了专项规划，全链条推进颠覆性技术的研发、应用和产业发展[1]。各项措施初见成效，尤其是以人工智能为代表的重大颠覆性技术已成为中国第一个真正有机会制定"游戏规则"的技术领域，在科技金融、共享经济、智慧城市和智能交通等多项应用领域取得长足发展[2]。但是，由于颠覆性技术形成产业的过程具有不连续性、爆发性、边缘性、不确定性和替代性特征，因此面临与现实中技术和管理的双重冲突，即便颠覆性技术获得重大技术突破，大多数颠覆性技术也会面临无法落地及顺利进入产业化而被束之高阁的困境，导致颠覆性技术难以成功产业化问题凸显。如何才能实现重大颠覆性技术的成功产业化？中国未来有没有能力在高端领域主导产业发展？中国能否抓住新一轮技术轨道变革带来的千载难逢的"机会窗口"和历史机遇实现后发赶超？以上问题都值得我们深入研究。

近年来，随着日本的追赶和美国的再度振兴，网络化、生态化的创新生态系统成为新一轮的创新范式进入理论研究和政策实践中。美国总统科技顾问委员会（PCAST）在 2003 年前后发布两份报告，强调美国的经济繁荣以及技术创新的引领地位得益于有活力的、动态的创新生态系统。对颠覆性技术而言，其形成产业是一个长期的过程，也是整个产业创新生态系统共同作用的结果：不仅要求相关配套技术有重大突破，也要求相关产业发展环境、配套投入、互补性产品和投融资在整个产业创新生态体系内共同发挥作用；是超越产品模式或企业之间竞争的以平台和技术标准为代表的企业种群与种群生态系统之间的竞争；此外，随着创新资源的集成、创新主体的多元和创新过程各环节并行的发展趋势，建立并维持一个有效的创新生态系统成为颠覆性技术形成产业的关键。因此，各国在颠覆性技术和未来制高点上的竞争很大程度上变成了产业创新生态系统的竞争，那些能够率先建立起完整的颠覆性技术形成产业的创新生态系统的国家往往会占领科技制高点和市场先机。

在这样的背景下，构建良好的产业创新生态系统，将为我国重大颠覆性技术的成功产业化提供重要基础，助力我国未来在高端领域主导产业发展和实现后发赶超。因此，颠覆性技术形成产业的创新生态系统的构成是什么、如何演化、演化的机制是什么、国家如何制定相关战略和政策是亟待回答和解决的问题。本书主要定位于中观产业面，聚焦研究颠覆性技术形成产业的创新生态系统，厘清颠覆性技术形成产业的创新生态系统的结构、演化规律和机制，从而为我国从生态、网络、动态的视角通盘考虑颠覆性技术产业化的相关规划、政策提供决策支撑。

第二节 文献综述

一、颠覆性技术相关研究

（一）颠覆性技术的内涵

"颠覆性技术"（Disruptive Technology）概念的明确提出，可以追溯到哈佛大学 Clayton M. Christensen 教授的著作《创新者的窘境》[3]。1997 年，Christensen 等将颠覆性技术的概念拓展至颠覆性创新（Disruptive Innovation），随后多次对颠覆性创新的基本原则、企业战略等进行了概括[4]。Christensen 认为，颠覆性创新的发展路线为：以低端非主流市场为切入点，逐步完善，最终全面替代主流市场的产品，直至颠覆整个商业发展模式。通过这一理论模型，可以看到最初的"颠覆性创新"概念主要包含了五层含义：创新性、低端性、加速成长性、侵蚀性和颠覆性。

后续越来越多的学者和研究机构开始关注这一领域。学者对于颠覆性技术创新概念和内涵的认识和定义也根据各自研究主题的差异而不同，可以分为基于创新活动、发展进程、影响效果、关键特征和切入方式五类视角。第一类强调创新活动，创新活动类型又具体体现为颠覆性商业模式创新[5-8]、颠覆性技术创新[9-12]、颠覆性产品创新[13,14]和颠覆性策略创新[15]四种。其中比较具有代表性的观点如下：Danneels[16]认为，颠覆性技术是通过改变产品的性能尺度而改变竞争基础的技术；Markides[6]于2006年从商业模式/技术创新视角提出，颠覆性创新包括商业模式创新和重大技术创新，它开创新的市场，给在位企业带来巨大的管理挑战；Anderson[17]从技术轨道角度认为，颠覆性技术通过破坏原有技术生命周期而形成新的技术轨道，从而实现颠覆。第二类基于发展进程，强调颠覆性创新不仅仅是一个结果，也是完整和持续的过程[9,18-23]。例如，陈继祥和王敏[24]认为，颠覆性技术通过开拓新的技术、产品、服务或商业模式而实现变革。第三类基于影响效果，这种效果指的是"改变游戏规则，总有新事物的出现"，虽然对象对应着具体不同的结果[7,25-30]。第四类强调关键特征，例如价格便宜以及现有市场具有延续性、颠覆性等。第五类强调切入方式。Govindarajan和Kopalle[31]研究了产品从高端市场进入进而颠覆主流市场的颠覆性创新，拓展了Christensen提出的从低端和利基市场进入的市场进入方式。

近些年来，区块链、大数据等重大颠覆性技术相关研究越来越多[32]，颠覆性创新越来越受到社会各界和国家的高度关注，众多智库、机构和国家部门也开始从国家战略的高度进行研究。美国国防高级研究计划局（DARPA）认为，颠覆性技术是"可改变游戏规则"的前沿技术[33]。日本ImPACT计划从推动产业和社会发展的角度提出，颠覆性技术能带来重大变革效果，但也面临高风险。此外，美国第六届"科学与工程技术"年会中，题目为《颠覆性技术：不确定的未来》报告认为，国防领域的颠覆性技术具有以下三个特征：首先是从已有系统和技术体系中衍生而来的新技术；其次是能取代已有技术，带来军事力量结构、基础以及能力平衡的根本性变革；最后是低端、廉价不是关键因素[34]。孙永福[35]认为，引发产业变革的颠覆性技术是以技术取得重大突破为基础和前提，通常具有四个特征：在技术上具有突破性、在产品上具有替代性、在市场上具有广泛性、在产业层面上具有变革性。

（二）颠覆性技术形成产业相关研究

从新古典经济增长理论假设技术进步是外生的，到内生经济增长理论认为技术进步是内生的发展过程，技术进步是促进产业发展和经济增长的内生动力的观点已得到了证实[36,37]。国内外学者从多个视角开展了颠覆性技术促进产业发展和经济增长的研究，但是专门研究颠覆性技术形成产业的文献并不多。起初，学者们主要从市场角度研究颠覆性技术的创新过程。Christensen 等[19]认为，颠覆性创新通过机会识别、价值重构和渠道整合等过程，完成对非主流市场的侵蚀而成为主流。Gilbert[38]认为，后发企业实施颠覆性创新需要经历新市场进入、快速发展和后发颠覆三个阶段。

后来的研究视角逐步扩展，一些学者对颠覆性技术形成新兴产业的路径进行研究。李丫丫等[39]从产业、企业和知识体制三个层面探讨了颠覆性创新形成新兴产业的路径；许泽浩等[40]从颠覆性创新概念出发，基于战略生态位管理（SNM）视角探讨了颠覆性技术的成长过程，包括技术的选择、市场的选择、市场的建立、市场的扩大和范式的形成五个阶段；于霞等[41]认为，航天领域通过对传统技术进行改造、引进高精尖技术等方式带来颠覆性技术创新，实现产业结构改变和竞争力提升；朱承亮[42]从供给侧和需求侧出发，研究了颠覆性技术创新与产业发展的互动，并从技术、市场、范式形成的链条角度分析了颠覆性技术催生新兴产业的传导路径。

也有少部分学者基于创新生态系统视角开展了相关研究。鲍萌萌[43]结合创新生态系统理论研究了颠覆性创新过程的演化机理，从技术的突破或集成、高低端市场或新市场切入等角度对比分析了新兴产业颠覆性创新的五条路径。沈虹等[44]提出了一种生物技术的商业化系统模型，强调技术、管理、产业和市场之间的协调。周述琴等[45]以颠覆性技术形成的新兴产业为研究对象，运用仿生学和演化经济学的方法研究其演化过程，认为相应的生态环境对成功演化极其重要。

(三) 颠覆性技术政策研究

由于颠覆性技术形成产业具有科学突破性、长周期性、替代性、产业爆发性、价值跃迁性等特点，因此对于政府导向的重大颠覆性技术创新需要给予大力支持[46]。当前主要经济体支持颠覆性技术创新的政策措施大致可以分为三类[47]：一是采用非常规的项目管理模式支持颠覆性技术的研发；二是针对重要的颠覆性技术出台专项计划，系统推进颠覆性技术的发展和应用；三是完善对颠覆性技术的规制和监管。其中具有代表性的研究有：吴滨和韦结余[46]从颠覆性技术创新的政策需求出发，以智能交通为典型案例对其政策演进及作用机制进行分析，最后从发展阶段、场景开放、超前布局、预测风险和完善生态几方面得出启示。李桢等[48]基于创新生态系统视角，采用因子分析和回归分析方法对影响高技术企业颠覆性技术创新能力的主要因素进行识别，最后从宏观、微观两个层面对如何提升颠覆性技术创新能力提供了系统的对策建议。

创新生态系统建设水平与创新政策的引导和支持密不可分，颠覆性技术形成产业的创新生态系统尤其如此。实际上，通过敏感性分析、比较分析等方式，系统动力学分析往往能够对创新生态系统的政策分析有一定启示作用，对此，国内外在多个领域已有所实践。例如，Han 和 Hayashi[49]开发了中国城市间旅客运输政策评估与二氧化碳减排潜力分析模型，研究中国城市客运交通对二氧化碳减排的影响；Hyun 和 Kim[50]建立了一个韩国信息基础设施的系统动力学模型，并对不同政策措施进行仿真；任海英等[51]通过建立和分析混合动力汽车产业化的系统动力学模型，提出了中国混合动力汽车产业化发展的策略体系；缪小明和刘啦[52]从电动汽车产业链形成的角度出发，建立系统动力学模型，以研究电动汽车产业不同的政府财政及税收措施对整个产业链的影响；王霞等[53]对文化产业创新生态系统模型进行系统动力学建模，以研究在不同的政府引导、科研支出、教育投入、文化投入、小康标准、人口等变量下各个产业链、技术链的价值耦合特征；李煜华等[54]对战略性新兴产业创新生态系统的互动关系、运行方式进行分析，运用 Logistic 方程构建协同创新模型，提出实现协同创新的途径和策略。

（四）其他关于颠覆性技术的研究

其他关于颠覆性技术的研究聚焦在颠覆性技术预测和培育[55-57]、颠覆性创新的影响因素[37,58]、实践在位者是否积极采用颠覆性创新理论[15]等主题，还有学者关注颠覆性技术引发产业变革，实现后发超越，其中具有代表性的研究有：张国胜[59]、董铠军[60]、宁朝山[61]从历次产业革命和工业革命的长视角研究颠覆性技术变革与范式转换的机理，并指出当前一些具有重大影响甚至是颠覆性的新技术、新产业、新业态、新模式正处在产业化突破和规模化应用的临界点，是实现新旧动能转换的机会窗口；苏启林[62]立足宏观视角研究颠覆性技术的创新路径，认为落后国家可以通过实施相应的颠覆性创新战略来调整产业结构，实现产业变革。

二、产业创新生态系统相关研究

（一）创新生态系统的提出

颠覆性技术的发展，除了技术本身具有潜在前景之外，能够支持其形成产业的创新生态系统也必不可少。实际上，"创新生态系统"概念的提出体现了创新范式从线性范式、创新体系到创新生态系统阶段的转变[63]，因此学术界多将创新生态系统视作第三代创新范式[64]。

创新生态系统是在创新系统的基础上发展而来的。1970 年，Nelson 就分析了非均衡、动态的复杂经济系统中的技术创新。但是直到 1985 年，"创新系统"这个名词才由 Lundvall 率先提出[65]，两年后"国家创新系统"的概念由 Freeman 在研究日本的经济绩效和技术政策时首次概括并提出[66]。20 世纪 90 年代后，国家创新生态系统的内涵得到进一步丰富。Lundvall[67]认为其核心是用户和生产者之间相互作用的活动，经济合作与发展组织（OECD）在此基础上更加强调企业、科研院所、高校等主体的技术相互关系以及政府自上而下的重要作用。

从"创新系统"到"创新生态系统"的演变，与硅谷持续创新发展、美国再度振兴息息相关。《硅谷优势：创新与创业精神的栖息地》中认为，从生态学视角才能解释硅谷的兴起和繁荣[68]；20 世纪 90 年代克林顿政府在《科学与国家利益》这一文件中强调，科技事业类似生态系统[69]；21世纪初美国总统科技顾问委员会（PCAST）发布《维护国家的创新生态体系、信息技术制造和竞争力》和《维护国家的创新生态系统：保持美国科学和工程能力之实力》两份报告，认为创新生态系统是使美国技术和经济处于领导地位的重要原因，并提出了几项支撑美国创新生态系统健康发展的措施[70]；《硅谷生态圈：创新的雨林法则》中提出了"雨林模型"，说明创新生态系统如何工作、如何建造和如何测量，并基于大量风投实践对硅谷中风投的运行机制有着独特的认识[71]；《地区优势：硅谷和 128 公路地区的文化与竞争》一书深入研究了硅谷和 128 公路的兴起和发展、衰落和繁荣，对两者的产业社区、创新网络以及创新文化进行了对比分析，认为硅谷的"成功之道"是根植于本地的产业创新网络以及独特的创新基因[72]。

近年来，随着对创新生态系统认识的不断深入，理论界的认识也在齐头并进。从时间脉络来看，Moore[73]是第一个系统、科学地论述和定义企业生态系统的学者，他认为企业生态系统由供应企业、生产企业、用户、合作商、投资者、标准制定机构、政府、社会公共服务机构等主体构成。Iansiti 和 Levien[74]在此基础上认为，创新生态系统由占据不同但彼此相关的生态位的企业所组成，不同企业的生态位会受其他企业影响。Adner[75]是明确提出"创新生态系统"概念的标志性人物，他认为大多数的突破性创新不可能孤立地成功，要大规模面向用户还需要互补性创新的协同。

Riedl 等[76]从服务的角度提出，创新生态系统涵盖平台和服务提供者、中介机构及用户等主体。朱迪[77]将创新生态系统分为研究、开发和应用三大群落。按照对象分类法，创新生态系统的研究可以分为微观视角、中观视角和宏观视角[78]，分别对应企业创新生态系统[79-82]、产业/区域/文化创新生态系统[83-88]以及国家创新生态系统[89,90]。本书集中于中观产业层面，因此重点对产业创新生态系统相关研究进行综述。

（二）产业创新生态系统的内涵及结构

产业创新生态系统可以看作企业创新生态系统的集合，企业是其重要组成部分，但是对企业创新的依存结构和产业情景的分析更为重要[78]。Frosch 和 Galloopoulos[91]视经济为一种循环体系，既包括生产者、消费者和规制机构，也包括主体之间及主体与环境之间的物质、信息和能量交换；Malerba[92,93]认为产业创新系统包括知识与技术、行为者与网络以及制度。Gawer 和 Cusumano[94]认为产业创新生态系统集产品、技术与服务于一体。

国内学者对产业创新生态系统内涵和构成的认识大部分是通过与生物生态系统类比，结合创新生态系统理论而来。具有代表性的研究有：林婷婷[95]认为产业创新生态系统是产业内技术创新群落与环境之间通过物质、信息和能量的流动与相互作用所形成的系统，分为技术、企业、环境、辅助创新四层结构。李春艳和刘力臻[96]从不同类型创新生态之间的关系角度来分辨产业技术创新系统，视其为企业和国家两种创新系统的联结。伍春来等[97]厘清了产业、企业、区域三种创新系统的区别和联系，并认为产业技术创新系统具有的产业竞争是生态系统之间的竞争，产业技术创新范式呈现以"平台"为中心的特征。耿喆等[98]认为人工智能产业创新生态系统包括创新种群和环境。张笑楠[99]强调了战略性新兴产业创新生态系统以特定的社会空间为边界，以重大技术突破和战略需求为基础和牵引，以知识、技术和产品生产为目的，具有不断进化升级、耗散结构、协同创新、栖息性等特征。李晓华和刘峰[100]认为应当更加关注系统中主体和要素之间的相互作用，认为彼此依赖、复杂链接、自我修复、共同演化是其重要特征，同时受 Marklund 启发，他们将产业生态系统划分为创新、生产与应用三个子系统，还包括要素供给、基础设施、环境和政策等辅助因素[101]。

多数学者从政策体系、研发体系、支持体系等方面来构建产业创新生态系统。潘思静[102]构建了包含产业运营、研发创新、创新支持、政策驱动四个子系统的高技术产业创新生态系统。吴菲菲等[103]认为还应该包括社会参与子系统。李桢等[48]认为高技术创新生态系统分为以企业为主的核心层，以政府、高校/科研院所、金融机构、社会环境为主的辅助层和包含社会、政治、文化、经济等要素的外部环境层。张笑楠[99]构建了创新生态因子为影响因素，战略决策种群、研发应用种群、服务协调种群相互复杂联结的开放系统结构模型。张治河等[104,105]构建的产业创新系统由技术、政策、环境和创新评价四个子系统构成。

还有学者从其他角度强调产业创新生态系统的构成。吴绍波[106]从技术结构的角度指出，创新生态系统体现为横向和纵向的技术配套，纵向强调产业链上下游不同技术环节，横向则更强调产业链统一技术环节。陈斯琴[107]强调产业技术系统中的创新平台，认为这类系统除创新平台外，还包含核心层和开发应用层。王娜和王毅[108]认为外部环境、产业体系、软硬件条件和人才是重要构成。杨道虹[109]和陈丽[110]分别研究了我国集成电路产业和海洋生物制药产业创新生态系统的内涵和结构。

(三) 产业创新生态系统的演化研究

产业创新生态系统演化过程、演化机制的研究视角大致可以分为以下三类：

1. 共生、竞争、种群和生态学理论视角

此类视角具有代表性的观点有：欧忠辉等[111]以共生理论为基础建立创新生态系统共生演化的概念模型和动力学模型，以研究不同的共生演化模式带来的影响。林婷婷[95]基于竞争、共生等理论对创新生态系统的扩散、竞争、共生、传导、协调等机制进行了充分探讨。张笑楠[99]从聚集、竞合、扩散等方面探讨了我国战略性新兴产业创新生态系统的运行机制。

其中，不少学者通过具体案例研究了产业创新生态系统的运行机制和演化机制，包括中国光伏产业生态系统[112]、典型产业联盟[113]、创意产业创新生态系统[114]、新能源汽车[115]、"中国光谷"产业创新系统[104,105]等。

2. 复杂网络视角

产业创新网络和创新生态系统两者可以看作"一体两面"的关系。当前创新网络的研究主要聚焦在结构、形成、运行、演化动力、演进过程等方面。具有代表性的研究有：汪滢[116]重点研究了创新型企业外部价值网络，该网络包括消费者、竞争者、合作互补企业、融资和研发机构、政府。王飞[117]以我国生物医药为例，从合作创新和集体学习两方面分析了创新网络的生成机制。刘兰剑和司春林[118]认为创新网络是组织为了实施技术创新活动，与其他组织发生联系以获得所需的信息、知识和资源而形成的。凌和良[119]认为产业创新网络的形成和演化动力分为内部动力和外部动力两种，内部动力包括信用契约、利益分配、创新学习、协调治理等机制，外部动力包括知识经济及网络经济的驱动效应、技术知识创新的溢出效应、市场需求不断增加的需求效应、为获得企业竞争优势的推动效应、有利于资源流动的互补效应。Ader和Kapoor[120]、谭劲松等[121]从种群构成、产业创新生态系统整体网络结构特征、竞合强度和产业整体创新能力四个维度刻画并测度了产业创新生态系统的演进过程及其涌现特征。Chen等[122]以中国新兴风力涡轮机产业为例，探讨了协同创新网络的演化进程以及各阶段的驱动因素。冯立杰[123]认为颠覆式创新视角下后发企业价值网络的演变聚焦于市场、技术和合作关系三方面，并探讨了后发企业如何在此过程中成功实现价值网络的演变。易将能等[124]以基础、中级、高级来划分区域创新网络的演化进程。

由于复杂科学理论相较于传统经济学能够清晰抽象出产业集群动态演化过程[125]，因此越来越多的学者采用复杂网络理论研究创新网络形成、运行和演化机制。李金华和孙东川[126]以小世界性程度为指标定量地描绘了创新网络的结构和演化。谷林洲和邵云飞[127]基于复杂网络视角，基于国家知识产权局专利数据库构建了中国新能源汽车产业的技术创新网络模型，并运用社会网络分析方法分析其网络特征和网络中知识和信息的流动情况。Gay 和 Dousset[128]以法国生物科技产业网络为例研究其演化，发现各演化阶段的网络结构特点不同，但均属于小世界和无标度网络，各阶段网络中的核心节点往往拥有核心技术。杜爽和刘刚[129]应用复杂网络理论对智能经济的价值网络形态和结构进行分析，得到了智能经济多元创新主体联系和作用的方式，总结了智能经济形成和发展的动力机制。

现有研究多以发明专利为基础数据构建创新网络[127]。例如，苏屹和曹铮[130]以新能源汽车产业联合申请专利数为样本，运用网络分析法构建并分析了京津冀地区新能源汽车产业协同创新网络结构。吕国庆等[131]采用纵向网络分析和社会网络多元回归方法，以联合申请发明专利数据为关系数据建构创新网络，开展地理和认识邻近性研究。刘刚等[2,132,133]另辟蹊径，基于人力资本、技术和投融资关系，采用价值网络方法构建了中国智能经济的创新网络。

3. 系统动力学

系统动力学最早由 Albert 和 Awel、Shih 率先应用到经济管理领域，目前在信息、电子等产业以及产业集群、政策策略等方面已有成熟应用[134]。聚焦在生态系统演化方面具有代表性的研究有：胡浩等[135]建立了基于多创新极共生的区域创新系统演化动力模型。吴传荣等[134]在深入分析高技术企业技术创新网络系统的基础上，用系统动力学建模工具软件建立模型并进行仿真实验，对关键指标进行了预测。胡军燕等[136]基于系统动力学方法，通过 Vensim 软件研究了投入、利益分配比例以及产业化程度等要素对系统的影响规律。王国红等[137]采用系统动力学方法揭示了区域产业集成创新系统宏观整体的演化特征、演化路径和关键环节。唐红涛等[138]则对互联网商业生态系统的内部演化过程进行了模拟仿真。

（四）与产业创新生态系统相关的其他研究

部分学者从效率评价和效应测度的角度对产业创新生态系统进行了研究。例如，赵树宽等[139]研究了技术创新在系统中的传导路径，并建立了系统效应测度模型。于焱和孙会敏[140]采用 DEA 方法对系统效率进行了研究。

三、评述

首先，从颠覆性技术相关研究来看，颠覆性技术自 1995 年首次被明确提出之后逐步成为国内外研究的热点，尤其最近几年研究成果颇丰。"颠覆性创新"这一概念虽最初起源于商业领域，但后续逐步成为产业、商业、技术、军事等领域的通用概念。随着颠覆性技术创新对国家的重要性逐渐增强，对颠覆性技术内涵的理解开始向国家战略引领的方向发展，无论是学术研究还是智库研究都开始思考立足国家、产业视角研究颠覆性技术创新。虽然不同学者对其内涵的具体定义根据各自研究主题的不同而有所差异，如对切入方式的理解分为从低端市场进入、从利基市场进入、从高端市场进入三种方式，但是"改变游戏规则""从边缘切入"已成为基本共识。关于颠覆性技术形成产业专门的文献并不多，是研究的难点和重点。已有文献从市场、路径、创新过程和创新生态系统等多个视角对颠覆性技术形成产业开展了研究，但几乎没有研究对颠覆性技术形成产业与其他新兴技术产业化的特殊性和差异性有清晰认识，也鲜有研究真正将颠覆性技术形成产业与创新生态系统作为研究对象进行跨层次分析[141]，更没有深入某一颠覆性技术领域进行实证分析。由于颠覆性技术形成产业具有不连续性、爆发性、边缘性、不确定性和替代性等特征，因此与一般技术相比，更加需要建立网络化、生态化的创新生态系统。一方面促进更多初创企业探索不同的技术和产业发展路线；另一方面通过促进风险投资、创新服务、政府公共政策等多种方式降低风险性和不确定性，促进颠覆性技术形成产业。因此，颠覆性技术形成产业创新生态系统研究意义重大。

其次，从产业创新生态系统相关研究来看，随着创新范式进入 3.0，近年来理论界和政策对创新的讨论已转向生态学和生态系统视角，国内外对战略性新兴产业[99]、新兴产业、高技术产业[102,103]的创新生态系统有丰富的研究，从共生/竞争理论、复杂网络、系统动力学等多种视角对产业创新生态系统的结构、形成、运行机制与演化进行研究。颠覆性技术形成产业的创新生态系统是一个复杂适应系统的演化过程，涉及企业、政府、大学、科技中介服务机构、科研机构和投资公司在内的多元创新主体的相互作用，而外部环境变化又加剧了这种复杂程度。不少学者认识到，传统计量研究方法难以从内在机理的层面对经济行为体如何相互作用和相互适应以及网络的演化进行刻画，已尝试基于复杂科学理论的方法对产业创新生态系统进行研究，为认识和探究颠覆性技术形成产业的创新生态系统奠定了深厚的理论和方法基础。但是总结以上研究，我们可以发现其中存在的一些问题：一是研究方法单一。以往多数研究以定性研究为主，定量的实证研究少，采用的方法也比较单一，难以系统性、全局性对颠覆性技术形成产业的创新生态系统的结构、演化和政策等进行全方位刻画和研究。二是数据来源单一。采用价值网络/社会网络分析等方法构建的复杂网络多以发明专利为基础数据，难以反映生态系统中技术、资金和人力数据的流动情况。三是系统性不足，体现在多数研究或聚焦产业创新生态系统构成、互动关系、演化和政策的某一方面，或仅对产业创新生态系统进行理论层面的探讨，缺乏实证案例研究，或仅对某一具体领域进行研究。四是案例研究聚焦于新能源汽车、光伏、人工智能、生物技术、航天等产业化程度较高的行业或领域，对尚处于产业化初期阶段的行业和领域关注较少。

因此，在总结前期研究成果和不足的基础上，本书注重特殊性、系统性、现实性、准确性、前瞻性：一是深刻认识颠覆性技术形成产业的特殊性；二是采用价值网络、系统动力学等多种方法从内在机理和本质的层面对创新生态系统的结构、演化和政策等进行全方位和系统性刻画和研究，增强系统性；三是通过实地调研和大数据检索等方法收集技术、资金和人力等多重实时数据构建复杂网络，体现实时性和准确性；四是选择当前具有重要意义、处于起步阶段或成长阶段的颠覆性技术为实证对象，将对当前政策实践起到重大作用。

第三节　研究目的

综合上述研究背景和文献调研，本书以颠覆性技术形成产业的创新生态系统作为主要考察对象，系统分析颠覆性技术形成产业的创新生态系统的构成、互动关系、演化阶段及演化机制，提出相关政策建议。具体的研究目标如下：

一是明确颠覆性技术与产业创新生态系统的内涵，构建颠覆性技术形成产业的创新生态系统结构、演化过程和相应机制的理论框架，为进一步分析石墨烯产业创新生态系统提供理论基础。

二是以中国石墨烯产业作为实证研究对象，通过构建石墨烯产业创新生态系统的复杂网络，分析石墨烯产业创新生态系统的构成，系统内各类企业、科研院所和高校、客户、创新平台等多元创新主体之间的互动关系，系统的演化过程及其形成、运行等演化的机制，并采用系统动力学方法对系统做出趋势预测，为颠覆性技术形成产业的创新生态系统研究提供实证依据。

三是研究中国石墨烯产业的创新政策现状和作用机理，结合石墨烯产业发展阶段、现状和制约因素，从产业创新生态系统视角提出针对性的政策建议，为石墨烯及颠覆性技术创新政策的制定和实施提供参考。

第四节　研究思路与主要内容

本书坚持问题导向，将"颠覆性技术形成产业的创新生态系统的构成、未来如何演化、演化的机制是什么、国家如何制定相关战略和政策"贯穿全书；坚持"点面结合"和"定性与定量结合"，"面"即颠覆性技术形成产业的创新生态系统结构、演化过程及机制的整体理论框架分析，属于定性研究；"点"即以石墨烯产业作为典型案例的石墨烯产业创新生态系统的实证研究，属于定量研究。由此，本书的研究思路与主要研究内容如图1-1所示。

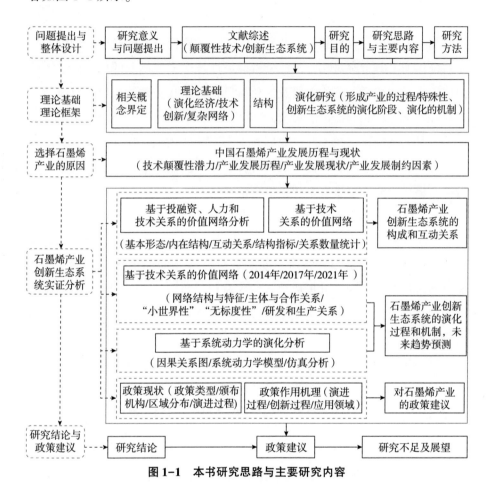

图1-1　本书研究思路与主要研究内容

第一，问题提出与整体设计。本书基于颠覆性技术带来的后发赶超机遇、中国发展颠覆性技术的相关举措及面临问题、创新范式升级以及国家战略选择的分析，提出本书的研究问题，接着通过对颠覆性技术、创新生态系统等相关文献的梳理，总结以往研究现状及存在的问题，在此基础上进一步明确本书的研究目的，提出本书的研究思路、主要内容和研究方法。

第二，理论基础梳理和理论框架分析。首先对颠覆性技术、产业创新生态系统等相关概念进行了界定，其次重点对演化经济学、技术创新理论和复杂网络理论进行梳理，对颠覆性技术形成产业的过程和特殊性进行了分析，并在此基础上构建了颠覆性技术形成产业的创新生态系统研究的理论框架，包括系统的结构、演化的过程和机制。

第三，对石墨烯产业发展历程和现状进行分析，给出选择石墨烯产业作为实证对象的理由。

第四，分析石墨烯产业创新生态系统的结构，包括构成和互动关系。采用价值网络方法构建了两个复杂网络，分别为基于技术关系、投融资关系和人力资本关系构建的石墨烯产业创新生态系统的整体复杂网络以及基于技术关系构建的复杂网络，通过对两个复杂网络的基本形态、内在结构、互动关系和结构指标进行分析，抽象出石墨烯产业创新生态系统的构成和互动关系。

第五，分析石墨烯产业创新生态系统的演化过程和演化机理。基于2014 年、2017 年和 2021 年的技术关系构建三个阶段的石墨烯产业创新生态系统的复杂网络，分析网络的结构演化，抽象出石墨烯产业创新生态系统的演化过程和机制；在价值网络分析的基础上，采用系统动力学方法构建系统动力学模型，对石墨烯产业创新生态系统进行未来趋势预测。

第六，分析石墨烯产业政策，提出针对性建议。采用统计分析方法研究石墨烯产业政策的类型、颁布机构、区域分布和演进过程，采用内容分析法分析各演进阶段和创新过程中的政策作用机制，基于颠覆性技术形成产业创新生态系统的理论分析，从创新生态系统的视角针对该阶段的石墨烯产业提出政策建议。

第七，得出全书结论，从创新生态系统的视角提出促进颠覆性技术形成产业的政策建议。

第五节　研究方法

本书围绕颠覆性技术形成产业的创新生态系统研究，选择石墨烯产业进行实证分析。在研究过程中采用了跨层次分析、价值网络分析、系统动力学、统计分析和内容分析等方法，以捕捉石墨烯产业创新生态系统最前沿的信息和刻画最真实的网络结构。

一、跨层次分析法

跨层次分析的重要理论基础是跨层次理论，通过在一个研究框架中认识一个层次的要素如何影响另一个层次的行为，揭示不同层次要素的相互影响[142]。颠覆性创新至少包含两个层次的现象，既包括技术形成产业，也包括实现这个过程的环境；对创新生态系统的研究采用复杂网络的方法，也属于两个层次的问题。因此，本书采用多层次研究方法，将产业发展理论、创新理论、复杂网络理论相结合，同时不仅仅局限于静态分析，还加入时间维度，跨层次分析颠覆性技术形成产业、复杂网络、创新生态系统三个不同层次要素的演化以及颠覆性技术形成产业过程中关键节点和关键阶段中创新生态系统的构建和作用。

二、价值网络分析法

价值网络是由以价值创造为导向的关系数据所构成的网络组织，是对不同主体相互作用所形成的系统性组织的一种本质抽象。采用价值网络分析法，能够抽象出系统内部各个主体间的复杂联系。本书基于关系数据构建了石墨烯产业创新生态系统的多个复杂网络，研究颠覆性技术形成产业创新生态系统的结构、演化过程和机理。后面将用一章的内容介绍该方法以及数据收集和指标选择①。

三、系统动力学法

系统动力学法是采用控制论、信息论和决策论等理论并以计算机为工具分析和研究信息反馈复杂系统的结构和行为的一种方法，由美国麻省理工学院的 Forrester 教授于 20 世纪 60 年代创立。系统动力学强调结构关系、时间信息等对系统行为影响的特征，而石墨烯形成产业的创新生态系统是一个具有整体性、相关性和动态性特点，同时又有非线性、高阶次和多回路等复杂系统的行为特性的复杂的动态系统，适合采用该方法进行研究。本书以基于技术关系构建的复杂网络为基础构建了石墨烯产业创新生态系统的系统动力学模型，研究了石墨烯产业创新生态系统的演化和影响因素。

四、统计分析法

统计分析法通过研究主体的规模、范围、速度和程度等数量关系来揭示事物发展规律与趋势以及事物之间的相互联系，从而实现对事物的正确阐释和趋势预测。本书结合 Python 代码对石墨烯政策标题、正文、发文日期、类型、颁布机构以及演进过程进行了文本挖掘和统计分析。

五、内容分析法

内容分析法是一种具有半定量化色彩的方法，通过对事物的特殊属性

① 创新生态系统是由创新主体构成的复杂自适应系统，是网状立体结构；创新网络与创新生态系统的区别是研究视角的差异，通过构建创新网络，能够从网络视角出发探究网络的结构、形成、运行和演化，有助于解构和打开创新生态系统的"黑箱"；价值网络是采用以价值创造为导向的关系数据（一般是投融资关系、技术合作关系、人力资本关系）来构建创新网络的一种研究方法。

如思想、主题、片语等做系统化和客观化分析，弄清并测度文献中本质性的事实和趋势。本书采用内容分析法，以定量分析的方式对我国石墨烯产业政策文本进行研究，以政策工具理论为基础构建三维分析框架，选择石墨烯相关国家级政策文本作为内容分析样本对其具体条款进行编码，对各演进阶段、创新过程中国家层面采用的政策工具变化及关注的应用领域进行深入分析。

第六节　研究创新点

本书可能的创新点有以下三个方面：

第一，将颠覆性技术形成产业的过程与创新生态系统、创新政策的演进阶段相结合，综合分析不同阶段创新生态系统的特点，并提出促进颠覆性技术形成产业过程中关键阶段和关键节点转变的政策措施。目前，国内外对颠覆性技术形成产业的研究不多，多从市场、路径、创新过程等视角切入，鲜有研究真正将颠覆性技术形成产业的创新生态系统作为研究对象。本书在对颠覆性技术形成产业过程分析的基础上，深入剖析了颠覆性技术形成产业的创新生态系统的特点和演化阶段，以及各阶段创新政策的现状和作用机理，从网络、生态、动态的视角对颠覆性创新研究开展有益的探索，提出了促进颠覆性技术形成产业过程中关键阶段和关键节点转变的政策措施。

第二，对处于应用主导阶段的石墨烯产业进行实证分析，运用网络爬虫技术抓取典型石墨烯企业的投融资、技术合作和人力资本关系数据，构建复杂网络研究颠覆性技术形成产业创新生态系统的结构、演化的过程和机制。已有研究鲜有真正将颠覆性技术形成产业的创新生态系统作为研究对象，更没有深入某一颠覆性技术领域进行系统性的实证分析。本书选择已完成技术到应用转变、当前正处于应用主导阶段的石墨烯产业作为实证对象，运用网络爬虫技术抓取典型石墨烯企业最新的投融资、技术合作和人力资本关系数据，构建复杂网络研究颠覆性技术形成产业的创新生态系统的结构、演化过程和机制，一方面能实现对颠覆性技术形成产业的创新生态系统相关理论和规律的印证，另一方面也能实现对石墨烯产业现实发展的进一步指导。

第三，采用系统动力学方法对石墨烯产业创新生态系统未来发展趋势进行预测。本书创新性地采用系统动力学方法，基于价值网络分析法对石墨烯产业创新生态系统的构成和互动关系进行研究，绘制因果关系图和系统动力学流图，构建系统动力学模型，并对35个参数进行设定，进行历史数据检验，最终实现了对网络中节点数的预测，并分析了技术供给和需求结构变化对节点数的影响。

颠覆性技术形成产业的创新生态系统
理论基础与框架

本章首先基于对颠覆性技术和产业创新生态系统的文献梳理，对颠覆性技术和产业创新生态系统等相关概念进行了界定，明确本书采用的是国家宏观视角的颠覆性技术定义；其次重点对本书所涉及的演化经济理论、技术创新理论和复杂网络理论进行梳理，结合文献梳理分析了颠覆性技术形成产业的创新生态系统的结构、演化的阶段和机制，构建了本书的理论框架。

第一节　相关概念界定

一、颠覆性技术

不同于 Christensen 提出的"低端切入"颠覆性技术，本书采用国家宏观视角对颠覆性技术进行定义[143]，这类颠覆性技术往往具有较高的技术密集度，能服务国家战略需求。本书认为，颠覆性技术是以革命性方式对应用领域或产业产生"归零效应"，重构应用领域和产业的体系和秩序，是改变"游戏规则"、推动人类经济社会变革的根本性力量，具有以下内涵：

（1）归零效应。颠覆性技术取代现有主流技术，原有主导产业的技术、规则、资产等在相同功能上失去了使用价值，不能再继续作为主要的技术方法或工具被市场或社会采用，在使用价值上归零。

（2）重塑格局。颠覆性技术取代现有主流技术的结果是战略性、全局性、体系性的变革，改变现有的体系结构和秩序，使社会经济范式在宏观图景上发生本质变化。

（3）未来主流。颠覆性技术破坏了现有技术的价值体系，但与此同时也从边缘力量出发，通过与现有主流技术的竞争博弈，逐步替代并可能催生新的未来主流的技术价值体系。

颠覆性技术与颠覆性创新有联系也有区别。颠覆性技术是实现颠覆性创新的一种途径和重要环节，颠覆性创新不仅包括技术突破，还包括产品销售、商业模式、市场运营等内容。在创新的多种分类中，颠覆性创新与渐进性创新是其中一种分类维度[①]。渐进性创新通过改良和拓展现有技术，提升主流市场产品性能，是对现有的市场规则、竞争态势的维持和强化；颠覆性创新则以一种全新的技术轨道为基础，不仅在技术轨道上具有不连续性，而且对现有应用领域或产业也会产生"归零效应"。

二、产业创新生态系统

基于对相关理论和文献的梳理，本书认为产业创新生态系统与区域创新生态系统、国家创新生态系统的相同之处是三者都是由创新物种、种群、群落之间以及同外部创新环境之间通过物质流、信息流和能量流产生互动和作用，形成的具有自组织、自我修复和自我适应等功能的复杂系统，不同之处是产业创新生态系统更加强调特定产业的创新活动。其中，创新物种指创新个体；创新种群强调具有同样功能和相似资源的创新个体

[①]　创新用哪一个维度分类需要根据其所处时间和产业背景来选择，颠覆性创新和渐进性创新是一种分类维度，其他分类维度如产品创新与工艺创新、架构创新与元件创新等。

的集合；创新群落是一定时空范围内相互联系的各个创新种群的集合；创新环境一般包含创新政策、创新文化、创新资源等要素。产业创新生态系统具有如下特征：

一是动态演化性。一方面，产业创新生态系统中各创新主体具有生命性，经历生命周期，与外界环境不断进行物质、能量、信息流动，能够实现自组织和自我发展；另一方面，外界新的创新主体和创新资源等创新要素持续增加，持续的竞争与合作进一步强化其复杂的动态演化的特征。

二是多样互补性。创新主体的异质性构成创新生态系统多样性的基础，由于创新主体及其资源的差异性，形成创新生态网络中多样化的组合，在相互间知识和技术资源共享过程中，创新主体通过合作实现创新成本降低、创新效率提升的协同效应。单个要素难以创造价值，只有形成整体才能给产业带来价值，具体来说，不仅表现在创新、生产、应用三个子系统之间的相互依赖、共生共存，还表现在子系统内部之间的多样互补性。

三是协同竞争性。产业创新生态系统内部各物质之间必然存在着竞争和协同。一方面，创新生态系统成员在自我完善的同时，也会注意与其他主体的配合和进步，包括通过投资、建立合作伙伴关系、人员流动、发展配套设备等方式相互交流、协同进化；另一方面，竞争作为创新生态系统发展和演化过程中最重要的动力，创新主体间不得不为了争夺创新资源、追求最大利润而展开竞争，充分竞争也为协同创新提供了选择，协同创新不过是竞争的多样化选择。

四是复杂连接性。从更广泛的产业层面来看，一件产品的生产需要来源于众多产业的原材料、零部件和设备，同时，一件产品也可以作为多个产业的投入，因此，产业创新生态系统中各个主体之间交叉连接，形成错综复杂的网络关系，是复杂的非线性系统。

第二节　理论基础

颠覆性技术形成产业的创新生态系统研究涉及演化经济学、技术创新理论、复杂网络等多方面的理论，本节重点对以上三种理论进行介绍。首先，演化经济理论不仅是技术创新理论、创新生态系统理论的基础，也是分析创新网络结构及其动态性的工具；其次，整个创新过程、创新范式和创新政策的演进过程反映了对创新的理论认识和具体应用实践的不断加深，为颠覆性技术形成产业及政策研究提供了创新生态系统的研究视角和重要的理论基础；最后，复杂网络作为创新生态系统的研究工具和方法，能够对存在网络现象的系统及其复杂性进行解释，分析创新主体及创新活动之间的复杂关系。依据不同对象和关注重点，创新生态系统可以进一步细分为国家、区域、产业和企业四种，本书关注颠覆性技术形成产业的创新生态系统，属于中观产业层面（见图2-1）。

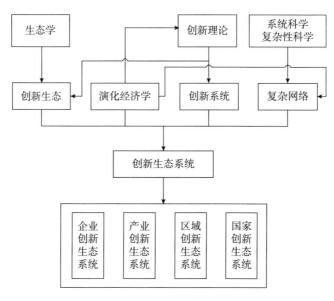

图2-1　相关理论基础的相互关系

一、演化经济理论

古典经济学和演化经济学两者可以说是相互对立的两个基础理论[144,145]，前者研究指向静态均衡，后者注重变化，研究生成（becoming）而非存在（being）。演化经济学的历史渊源可以追溯到 Adam Smith、Karl Heinrich Marx、Anton Menger、Alfred Marshall 和 Thorstein B. Veblen，他们都对演化思想有过相关论述，属于经济演化思想的先驱[146]。但是，演化经济学真正作为一个独立的理论分支应归功于熊彼特，他提出内生技术进步理论、基于循环流转的渐变过程和基于创新扩散过程的 Schumpeter 竞争模式[147]，进一步为演化经济学的发展奠定基础。熊彼特之后，20 世纪50~70 年代演化经济学的发展几乎处于停滞状态，直至 20 世纪 80 年代《经济变迁的演化理论》出版，现代演化经济学才真正形成。随后，变异、选择理论、非线性动态理论、博弈论研究和复杂动态系统的计算模拟突飞猛进，极大地推动了经济演化理论的发展（成为现代演化经济学的主要理论构成)[148]。

演化经济学是力图从动态、演化的视角找出经济变迁的动力机制和制约因素的一门现代西方经济学的新兴学科[149]，以达尔文理论为基础，遗传、变异和选择是其基本分析框架[148]。首先是遗传机制，如同生物基因，优秀制度、惯例和组织结构可遗传，Hodgson 和 Knudsen[150]将其视为经济系统中的"基因类比物"。将"基因类比物"与企业联系起来就是企业惯例，具有历时传递、学习效应的获得性遗传特征，对一个行业或群体意义重大[151]。其次是变异机制，即"新奇"怎样或如何被创造，是经济系统演化的核心，新技术和新惯例往往诞生于处于不利竞争地位的企业对已有技术和惯例的（路径依赖）搜寻。最后是选择机制，即如何寻找演化路径，重在研究变异或"新奇"在系统中扩散的原因、时间和方式。

近年来，受限于古典经济学框架下的比较优势和后发优势研究在指导发展中国家进行技术赶超实践中的局限性，演化经济学理论得到长足发展，它认为后发国家实现技术赶超不仅需要进入新的技术轨道，而且需要把握长波萧条期带来的"机会窗口"。当前，新一轮技术轨道正在孕育，全球经济处于长波中的萧条期，后发国家实现技术赶超的"机会窗口"正在出现。根据演化经济学观点，虽然发展中国家没有成熟模式的制约和冲突，但是也不存在一蹴而就的最优行为模式，应该构建未来经济持续增长的基础，而要做到这一点，需要构建相应政策促进新兴技术体系的突破和新兴产业的发展，不仅仅是产生颠覆性技术，更重要的是推广和扩散[152]。

二、技术创新理论

经济合作与发展组织（OECD）认为，技术创新的实现体现在新产品和新工艺上，包含新创意产生、研究开发、产品制造和商业化的全过程，涵盖科学、技术、组织、金融和商业等范畴，是能够将远见、知识和冒险精神转化为价值和财富的能力[153]。

（一）起源与发展

创新理论的起源可以追溯到 Joseph A. Schumpeter，虽然亚当·斯密和马克思在之前认识到了创新的重要性，但没有对其进行系统论述。Schumpeter 在 1912 年出版的《经济发展理论》一书中首次提出创新的基本概念和思想后，20 世纪 40 年代又出版《经济周期》与《资本主义、社会主义和民主主义》两部专著，以进一步补充和完善，逐步形成独特的创新经济学理论体系。Schumpeter 认为创新是生产要素的新组合，在这个过程中新的生产函数会建立，企业能够获取潜在利润，并认为创新可以通过新产品、新市场、新生产方法、新供给来源和新组织五种方式来进行。

但是，Schumpeter 的创新理论提出以后由于受同时期"凯恩斯革命"理论影响并没有广泛兴起。1950 年以后，以集成电路和计算机微处理器为标志的新一轮科技革命兴起，给许多国家带来了经济发展的"黄金期"，而传统经济学理论难以对此做出解释，至此，熊彼特创新经济学理论才重新得到西方经济学理论界的重视，从而使技术创新理论得到长足发展[154]，到目前已形成四大理论流派[155]：以 S. C. Solow 等为代表的新古典学派将技术创新作为内生的和基础的，认为适当的政府干预极为重要，并在1956年提出新古典经济增长模型侧重研究政府干预；E. Mansfield 和 Morton I. Kamien 等在熊彼特创新理论的基础上，更加强调企业家的主体作用、市场组织行为和市场结构影响，提出了创新扩散和创新周期等模型；以 Lance E. Davis 和 Douglass C. North 等为代表的制度创新学派强调制度创新对技术创新的影响，并认为技术创新反过来能够改变制度安排，降低成本，增加收益；以英国学者 Freeman 和 Nelson 等为代表的国家创新系统学派强调国家专有因素对技术创新的影响。

（二）创新过程和范式演进

整个创新过程、创新范式和创新政策的演进过程反映了对创新的理论认识和具体应用实践的不断加深，为颠覆性技术形成产业及政策研究提供了创新生态系统的研究视角和重要的理论基础。

1. 创新过程的演进

Rothwell 认为，20世纪50年代以来，技术创新过程（或者技术驱动模式）经历了五代（见表2-1）。第一代是 Carter 和 Williams 提出的技术推动模型，这一模型与 Vannevar Bush 提出的线性模型有一致性，认为科学发现是技术创新过程的源头，经过研究开发、工程开发和市场开发，最后形成新产品。第二代是 Myers 和 Marquis 提出的需求拉动模型，强调市场需求的作用。以上两种模型的不同之处在于对创新起始的动因认识不同，但都认为创新是线性的，属于单因素视角。第三代是 Rothwell 和 Zegveld 提出的交互作用模型，该模型属于双因素视角，虽更加强调科学技术和市场的耦合互动、创新各环节之间的反馈，但仍然属于线性模式。第四代是一体化创新过程模型，强调各职能间的并行性和集成性，这一模式的出现代表着创新范式的转变，对应 Nelson、Freeman 和 Lundvall 提出的国家创新系统概念。第五代是 20 世纪 90 年代以来的系统集成与网络化模型，强调企业内部集成和外部网络，更加关注各创新成员、电子信息化和人力资源管理因素的作用，对应国家创新生态系统这一范式[156]。

表 2-1　技术创新过程的五大阶段

阶段	时间	现实背景	模型	提出者	特征
第一代	20 世纪 50 年代至 60 年代中期	"二战"后，半导体、电子信息技术、新材料等新技术突破并成功商业化	线性技术推动模型：基础研究→应用研究与开发→生产→销售→市场实现	Carter、Williams	（1）单因素：科学发现是源头 （2）线性模式：对应于布什的线性模型
第二代	20 世纪 60~70 年代	竞争加剧、生产率提高，企业更多关注如何利用现有技术变革扩大规模，开始重视市场作用	线性需求拉动模型：市场需求拉动→信息反馈→研究与开发→生产→市场实现	Myers、Marquis	（1）单因素：市场是引导研发的重要思想源泉 （2）线性模式
第三代	20 世纪 70 年代后期至 80 年代中期	两次石油危机，产品供过于求，企业更多关注提高产量、降低成本，研究者为其提供理论支持	技术与市场交互（耦合）模型，包含反馈环，存在职能间的交互和协同	Rothwell、Zegveld	（1）双因素：技术发明和市场需求结合 （2）线性模式：认为线性技术推动和市场拉动模型过于简单和极端化，强调技术与市场的耦合互动
第四代	20 世纪 80 年代早期至 90 年代早期	意识到日本企业的新产品开发过程更快、更有效，使日本一度领先	集成（并行）模型：强调各职能间的并行性和同步活动期间较高的职能集成	1988 年美国防御分析研究所对并行工程进行定义	（1）集成性：强调技术、市场、组织演进交互作用，对应国家创新系统概念 （2）并行性

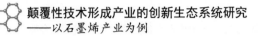
续表

阶段	时间	现实背景	模型	提出者	特征
第五代	20世纪90年代以来	美国硅谷创新模式的出现让研究者意识到一些领先的创新者正在向新创新范式转变	系统集成与网络化模型：强调企业内部集成和外部网络，更加关注各创新成员、电子信息化和人力资源管理因素的作用	Rothwell	（1）网络化：对应于国家创新生态系统的概念，强调各创新主体之间作用机制演化分析 （2）系统性 （3）集成性

资料来源：综合 Rothwell（1994）①、陈劲（2013）、Myers 和 Marquis（1969）② 等文献和书籍公开信息整理而得。

2. 创新范式的演进

以上技术创新过程的演进也反映出创新范式的演进，总体来看，可以分为线性范式、创新体系、创新生态系统三个阶段，对应创新范式 1.0、创新范式 2.0、创新范式 3.0[157]，各阶段理论基础关注主体、战略重点、实现载体和动力机制均不相同[158]。

创新范式 1.0 即线性创新范式始于 20 世纪 50 年代，以新古典学派和内生增长理论为基础，注意力集中于企业单体和科研机构内部，认为创新战略重点在于建立内设研发机构进行自主研发，产品是价值实现载体，创新靠"需求+科研"的双螺旋模式驱动。

创新范式 2.0 即创新体系范式始于 20 世纪 70 年代，以国家创新体系理论为理论基础，跳出仅关注企业或科研机构内部的视角，更加关注产学研协同，认为创新战略重点在于合作研发，"服务+产品"是其价值实现载体，创新靠"需求+科研+竞争"的三螺旋模式驱动。

创新范式 3.0 即创新生态系统范式始于 20 世纪 90 年代中期，以演化经济学为理论基础，在产学研协同的基础上更加重视用户导向的创新，认为创新战略重点在于创意设计与用户关系，"体验+服务+产品"是其价值

① Rothwell R. Towards The Fifth-generation Innovation Process [J]. International Marketing Review, 1994.

② Myers S, Marquis D G. Successful Industrial Innovations: A Study of Factors Underlying Innovation in Selected Firms [M]. National Science Foundation, 1969.

实现载体，创新靠"需求+科研+竞争+共生"的四螺旋模式驱动[159]。

3. 创新政策的演进

对创新政策的界定还没有形成统一看法，目前比较有代表性的看法包括三种：第一种将其看作科技政策和产业政策的结合；第二种认为创新涉及技术、组织、管理多个问题，创新政策也相应有着更为广泛的含义；第三种认为创新政策是经济政策和科技政策结合的产物。关于创新必要性，学术界也存在争议，新古典经济学、演化经济学和政策科学等不同学派从不同角度阐释了创新政策制定的必要性[160]。以上争议虽未形成统一看法，但是从侧面显示出创新政策对促进技术创新具有举足轻重的意义。实际上，创新政策和技术创新活动是协同演化的。从生命周期来看，创新政策随着技术创新中的变异、选择和遗传机制也会经历转变阶段、发展阶段和衰落阶段，可以称为创新政策的生命周期，这个过程包括对某些传统政策的舍弃、重新构造以及新政策的出现[156]。从更长时空范围来看，创新政策随着创新范式的演进而不断演进，表2-2列举了三代创新政策的演进。

表 2-2　三代创新政策比较

	创新政策 1.0	创新政策 2.0	创新政策 3.0
标志性事件时间	1945 年	1996 年	2003 年
研发投入产出关系	线性	非线性	动态非线性
政府支持重点	提供科研经费	提供框架性政策	提供创新生态
政府介入缘由	创新外部性与市场失灵	系统失灵	演化失灵
创新宏观治理	政府	政府+市场	政府+市场+社会
主导创新政策	供给面	供给面、环境面	需求面、环境面

资料来源：综合李万等（2014）、陈劲（2013）、苏竣（2014）① 等文献和书籍公开信息整理而得。

线性创新范式对应创新政策 1.0，认为研发投入产出关系是线性的，创新外部性与市场失灵是政府介入的主因[161]，侧重资助基础研究市场，政府是从事科学研究和争夺科技制高点的主导方，支持重点在于提供供给

---

① 苏竣. 公共科技政策导论［M］. 北京：科学出版社，2014.

面政策。

创新体系范式对应创新政策 2.0，以研发投入产出的非线性关系为重要支撑，系统失灵是政府介入的缘由，政府和市场是从事研发产业化和经济增长点的主导方，创新政策 2.0 通过提供研发投入、税收优惠、知识产权等框架性政策，引导和服务国家创新体系[162]，重点强调产学研协同的重要性。

创新生态系统范式对应创新政策 3.0，以科技政策学的兴起为标志，目前其内涵和要素正在形成中。总体来看，创新政策 3.0 认为研发投入是动态非线性的，演化失灵是政府介入的主因，需求面和环境面政策成为主导的创新政策。

三、复杂网络理论

复杂网络理论是随着复杂性科学、系统性科学的发展应运而生的用于解释网络现象的理论。复杂网络是由节点及其相互关系构成的，以图论为基础对大量真实、复杂系统进行高度抽象，强调分析各类复杂系统的结构，并从结构角度探究系统的功能[163]。因此，可以运用复杂网络理论来探索颠覆性技术形成产业的创新生态系统的形成机理和演化机制，为相关政策研究打好基础。

（一）复杂网络的起源和内涵

网络科学理论的发展经历了从规则到随机再到复杂三个阶段。规则网络的拓扑结构形式较为完美，著名的哥尼斯堡七桥问题、哈密顿问题、四色猜想以及旅行商问题属于规则网络。随机网络中两个节点是否连边由概率 p 决定，随着 1959 年匈牙利数学家 Erdös 和 Rényi 提出著名的随机图理论，随后 50 年里随机图成为研究网络的有力武器。1998 年前后，伴随计算机技术和互联网技术的迅猛发展，发表在 Nature 和 Science 期刊中的两篇文章推广了"六度分离"的科学假设，提出"小世界效应"和"无标度性质"，标志着网络科学进入复杂网络时代。实际上，规则网络和随机网络是两种极端的情况，现实中的网络是介于两者之间的某种网络，即复杂网络。

复杂网络以图论为基础，强调从结构角度探究系统的功能。因此，任何复杂系统通过把构成单元和相互关系分别抽象为节点和边，都可以用复杂网络理论来研究。复杂网络具有复杂性、无标度特性、小世界特性等[164]。复杂性体现在连接结构、连接权重、节点的动力学和演化行为以及网络时空演化过程的复杂方面；小世界特性体现在即便单个节点拥有较少的关系数目却仍然可以连接世界；无标度特性体现在度分布呈现幂指数函数规律，即少数节点存在大量连接，成为"中心节点"。

（二）复杂网络重要的结构性指标

1. 度

网络的连通度一般简称为度（degree）。节点 i 的度表示与节点 i 相连接的边的数量，用 $K(i)$ 来表示。一般来说，度越大，节点的重要性越高。统计公式如下：

$$K(i) = \sum_{j \in \tau(i)} a_{ij}$$

其中，$\tau(i)$ 表示所有与节点 i 产生连接的节点的集合，a_{ij} 为节点 i 和节点 j 之间的边数。

如果对于任意节点，边没有方向性，则网络为无向网络；反之，则为有向网络。有向图根据方向分为出度和入度。出度是节点 i 指向其他节点的有向边的数目，入度反之。所有节点的度的平均值称为网络的平均度，一般记为 K。

2. 权

如果一个网络中所有边的权重均为 1，则为无权网络，如果网络通过权重来区分边的重要性，则称之为加权网络。无权网络缺少关于节点之间相互作用强度差异的表述，而加权网络能够更加真实地还原网络的动力学特征与拓扑结构之间的联系。

3. 路径

"路径"这一概念可以研究节点之间的间接关系（静态）和信息传递

（动态）问题，网络中最常用到的是求最短路径，即节点 i、j 之间经历边的最少数量，用距离d_{ij}来表示。

4. 聚类系数

节点的聚类系数是与该节点相邻的所有节点之间实际连边数占这些相邻节点之间可能存在的最大连边数的比例。聚类系数反映节点邻接点之间相互连接的程度，即网络的局部特性和聚集性。

(三) 复杂网络模型

由于颠覆性技术形成产业的创新生态系统具有"小世界性"和"无标度性"，因此本书主要对 WS 小世界网络模型和无标度网络模型进行介绍。

1. WS 小世界网络模型

现实世界中大部分网络具有小世界效应，其最著名的是社会心理学家 Stanley Milgram 于 1967 年设计的社会网络实验，实验结果表明任意两个美国人之间的平均距离是 5.5 个人，后来将这种效应称为"六度分隔"。因此，"小世界"描述了网络系统即便尺寸很大但任意两个节点相对距离较小这一事实。

规则网络的平均最短距离较大，集聚系数也较大；随机网络的平均最短距离较小，集聚系数也较小。与规则网络和随机网络相比，小世界网络平均最短距离较小，而集聚系数较大。

2. 无标度网络模型

现实中的众多复杂网络具有不均衡性，即少数节点拥有大量连接，多数节点仅仅拥有少数几个连接，通常这类复杂网络的度分度具有明显的幂律分布特性$[P(k) \sim k^{-\tau}]$，称为 BA 无标度网络。无标度网络存在很强的异质性，因此无法使用一个特征度值来描述。

BA 无标度模型由 Barabási 等提出，即 Barabási-Albert 网络模型（简称 BA 模型）。BA 模型具有两个特征：一是网络是开放的，通过新生节点与原有节点连接的不断演化而实现网络规模的扩大；二是不同于随机网络和小世界网络假设任意两个节点相连接的概率与该节点的度无关，BA 模型认为新加入的点有择优连接迹象。

第三节　颠覆性技术形成产业的创新生态系统的结构

大部分新兴产业是由颠覆性技术推动的[100,165]，因此颠覆性技术形成产业的创新生态系统与新兴产业创新生态系统具有一定联系也有区别，在研究颠覆性技术形成产业的创新生态系统时需要考虑颠覆性技术不连续性、爆发性、边缘性、不确定性和替代性等特征带来的特殊性。类似于互利共生、相互寄生的生物生态系统，颠覆性技术形成产业的创新生态系统也是具有参差交错的复杂结构关系的动态的、开放的复杂自适应系统，该系统由创新企业与外围高校、科研院所、科技中介、投资机构、孵化器、创新平台、政府等创新群落以及群落之间、群落与创新环境之间相互作用而形成，进一步可细分为核心层、辅助层、环境层（见图2-2）。

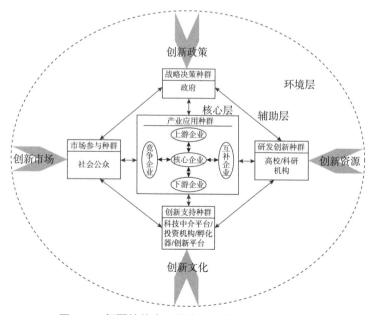

图2-2　颠覆性技术形成产业的创新生态系统结构

一、核心层及相互之间的关系

核心层为产业应用种群，颠覆性技术相关企业构成其核心主体。纵向产业链上包括核心企业、提供原材料/制造设备/配件的上游企业、承担应用商/承销商角色的下游企业，横向产业链上既包括具有竞争关系的企业，也包括能够进行互补的企业。纵向产业链上的企业通过物质流、信息流、资金流建立分工协作关系，下游企业感知市场需求、上游企业带来技术和产品的创新，从技术和需求两端共同发力促进企业的创新；横向产业链上的企业既存在同一生态位带来的竞争关系，又存在资源互补的合作关系，且互补企业和竞争企业在不同情况下可以相互转化，良好的竞合关系能够提升产业链的创新效率。

二、辅助层及相互之间的关系

辅助层分为研发创新种群、创新支持种群、战略决策种群、市场参与种群。

(一) 研发创新种群

研发创新种群以高校、科研院所及企业办的研发机构为核心主体，主要功能是为颠覆性技术形成产业的健康发展持续输送知识、技术和人才资源，是创新的源泉和动力。由于颠覆性技术具有高风险、不确定性等特点，因此企业往往通过各种方式与高校、科研院所建立协作关系，如建立产学研战略联盟、完善科技信息沟通的交流机制或人员兼职，以获得其先进的知识和技术成果；另外，高校、科研院所培养的人才（自身培养或与企业联合培养）也为产业发展提供重要的人才来源。

（二）创新支持种群

创新支持种群以投资机构、科技中介、孵化器、创新平台为核心主体，通过知识、人才、资金、创新支持等资源整合，提供多元化的创新服务与信息，是培育小微创新企业和颠覆性技术产业的优质"土壤"。其中，科技中介机构通过提供合适的交易机会和交易过程中的服务，促进高校、科研机构和企业之间的交易，促进科技成果转化；孵化器、创新平台等新型研发机构在孵化服务企业、促进科技成果转化、服务区域经济发展上起到有效作用；金融机构能够通过多元化融资渠道及金融产品在不同阶段为企业进行高风险、高投入的颠覆性技术创新和产业发展提供资金支持，这在颠覆性技术形成产业的创新生态系统中尤为重要。与常规资本投资模式不同，颠覆性技术形成产业的创新生态系统需要通过求助补贴资本、降低交易成本等方式弥补创业早期的资金缺位问题，原理如下：如图 2-3 所示，真实的生态系统中，风险回报方程在早期往往由于投资过多与创业者失去创业动力、企业募集资金并结构化成本太高、投资机构与新生企业合作消耗时间等原因而失效，而通过创建社会规范和诚信降低交易成本能够实现成本曲线的左移，通过政府补助资本能够帮助机会从曲线左边一点移动到交点[71]。此外，风险投资家与企业家会建立互利共生的投资关系，从而减少颠覆性技术形成产业的不确定性。

（三）战略决策种群

战略决策种群以政府为核心主体，政府通过政策制定、财政支持和基础设施建设等方式，为颠覆性技术方向遴选、重点学科规划、创新人才培养、示范产品建立、产学研创新绩效提升、研发风险规避、市场氛围构建提供有力支持，引导颠覆性技术形成产业创新生态系统的健康运行。颠覆性技术形成产业过程中企业对技术、人才、资金、基础设施、政策的需求与反馈反过来也为政府精准发力提供了方向，政府和企业的合作关系在政策需求与反馈的交互迭代过程中不断得以巩固。

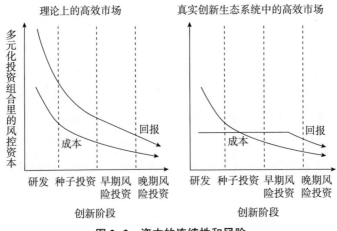

图 2-3 资本的连续性和风险

(四) 市场参与种群

市场参与种群由社会公众等用户种群构成，社会公众主要通过创新成果应用、科技活动参与、社会需求反馈几种方式参与到颠覆性技术形成产业的创新生态系统中。其中，用户既是系统中创新成果的最终应用者，也是颠覆性技术形成产业的催化剂。

三、环境层及相互之间的关系

环境层包含创新政策、创新资源、创新市场和创新文化，是支撑创新主体和创新网络协调运行的制度、政策以及其存在物理空间载体的总和。

(一) 创新政策

创新政策包括与创新相关的规划、法律、条例和行政举措等，对创新活动的产生和发展起促进作用。颠覆性技术创新风险大、不确定性强、具有爆发性等特点使其比其他技术更需要政府的适当干预，政府通过在颠覆性技术形成产业的全过程制定合适的创新政策，能够起到激励、保护、协调和引导作用，塑造良好的创新环境，有效调动创新主体积极性，激发创新活力，引导创新发展方向。

（二）创新资源

创新资源包括人力、资金、科技、基础设施资源等，是颠覆性技术形成产业创新生态系统的重要保障。企业、高校、政府、科研机构和服务机构为颠覆性技术形成产业的创新生态系统提供技术、知识、人才和资金等资源，构成了创新资源环境。创新资源能否顺畅流动和交互是系统形成和运行的重要条件。

（三）创新市场

创新市场包括市场竞争、市场需求和市场秩序，是指一切与颠覆性技术形成产业过程相关的市场因素的总和，是创新主体在政府的引导作用下形成的。市场竞争的"双刃剑"效果与市场结构有关，垄断程度越低，则市场竞争越激烈，企业若能将市场竞争的压力转化为动力，则能够促进颠覆性创新，反之垄断程度高，大企业往往由于缺乏进行颠覆性创新的动力而失去对新技术和潜在市场的敏感性并产生"核心粘性"；市场需求是激发企业进行技术创新的重要牵引力，企业的技术、产品和工艺创新均紧密围绕着市场信息，以获得更大利润；市场是颠覆性技术形成产业实现的重要环境和条件，公平的市场竞争秩序能够促进该过程的有序进行，反之混乱的市场秩序则会严重阻碍这个过程。对颠覆性创新来说，中小企业是重要来源，有序的创新市场环境将给具有市场适应能力和敏感性的中小企业发展带来更多机会，能够抵御在位企业的竞争冲击，从而摆脱路径依赖而助力颠覆性创新实现。

（四）创新文化

创新文化是创新主体在进行颠覆性创新活动过程中形成的价值观和共同行为准则，是颠覆性技术形成产业的创新生态系统健康运行的土壤。高风险、不确定性强的颠覆性技术创新尤其需要激励探索和创新、包容个性和失败的良好创新文化，硅谷经久不衰的重要"创新密码"之一就是其根植的包容性创新文化，最大限度激发人的记性与活力，促进思想观念的碰撞、产生和流动。

第四节　颠覆性技术形成产业的创新生态系统的演化

类似于生物进化，颠覆性技术形成产业的创新生态系统是动态的、不断发展的系统，该系统与颠覆性技术形成产业的过程息息相关。本节以Christensen 的颠覆性创新理论、生命周期理论、产业成熟度理论、创新生态系统等多种理论为基础，分析了颠覆性技术形成产业的过程和特殊性，对应生态系统的演化过程及其机制。

一、颠覆性技术形成产业的过程

从长周期来看，颠覆性创新是在渐进性创新的量变积累上产生的质变，两种创新模式交替促进了技术进步和产业发展[166]。渐进性创新是连续的，在市场稳定时期往往能持续给企业带来稳定利润，推动企业进一步在已有范式上深化，产生累积性、持续性的技术进步。但是量变的积累在提升企业核心能力的同时也使企业产生惯性和路径依赖，主要注意力也在现有顾客而非潜在顾客上，因此导致企业失去对新技术和潜在市场的敏感性，从而产生"核心粘性"。但是这种状态不是一成不变的，新的企业会抓住一切机会或从技术上自上而下或从低端市场自下而上逐步进入主流市场，新的竞争企业进入会打破相对稳定的市场结构，竞争冲击或者市场结构的变化会带来对现有行为模式的否定，引发不连续的质变，迫使在位企业进行革命性的变革，否则就会被颠覆，进而颠覆性创新得以实现（见图2-4）。

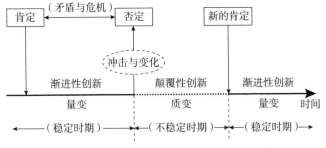

图 2-4　渐进性创新与颠覆性创新的交替过程

从生命周期来看，颠覆性技术形成产业的过程也遵循新兴技术和产业发展的一般规律。从技术生命周期来看①，该过程一般经历导入、生长、成熟和衰退四个阶段[167]。从产业的生命周期来看②，该过程一般会经历形成、成长、成熟和衰退，通常可以描述为 S 型曲线。对于不同产业，生命周期所经历的阶段和每个阶段延续的时间不同，具体会呈现出不同的状态[168]。

从形成产业的过程来看，颠覆性技术形成产业遵循科学发现到形成新兴产业的共性过程框架（见图 2-5）和规律[169]。这个过程是漫长而复杂的，科学、技术、应用和市场交替成为不同阶段的主导因素。技术主导阶段由科学主导阶段发展而来，开展的主要活动是技术研发和技术应用，此时多条技术路线同时进行探索。当出现商业应用示范时，则进入应用主导阶段，当产品的性能、成本优势随着应用的推广进一步得到市场确认，则可以认为主导设计出现。主导设计下的产品进一步将低成本和高性能的产品进行大规模市场示范，标志着进入市场主导阶段，这一阶段产业快速发展，大量企业进入市场，市场规模在一段时间里快速扩大，直至进入成熟阶段。成熟阶段的市场规模增速趋缓，企业间兼并重组频繁，容易出现领先企业。值得注意的是，颠覆性技术形成产业的过程中存在一系列关键节点，包括技术到应用的节点（T-A）、应用到市场的节点（A-M）以及市

---

① 技术生命周期揭示技术性能特征满足使用者需求的程度随时间发生的变化。

② 纵坐标为产业规模，横坐标为时间。

场到产业（M-I）的节点。其中，技术到应用的节点（T-A）主要关注技术开发和可以向消费者进行系统示范应用，应用到市场的节点（A-M）主要关注将低成本和高水平的示范成果推向具有潜力的市场，这一阶段由于风险大、不确定性高，私营资本和企业往往不愿意投入，而政府资金侧重于基础研发，因此导致颠覆性技术面临第一个"死亡之谷"，一旦跨越则能实现技术到市场的转变；此外，市场到产业（M-I）的节点主要关注市场、商业化和资源优化配置等，这一阶段将面临利益网络、价值网络和各种市场、社会体制形成的第二个"死亡之谷"，一旦跨越将实现市场到产业化的转变。因此，对颠覆性技术形成产业的支持，需要高度关注这些关键节点，支持和刺激这些关键节点的形成和过渡是颠覆性技术形成产业的创新生态系统的着力点。

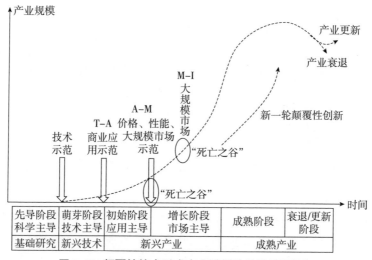

图 2-5　颠覆性技术形成产业遵循的共性过程框架

从战略生态位的视角看，颠覆性技术形成产业的演化过程可以分为技术选择→市场选择→市场建立→市场扩大→范式形成五个阶段[40,165]。在这五个阶段中，需要跨越两次"死亡之谷"，如图 2-6 所示。由技术进入市场会经历第一次"死亡之谷"，由市场步入产业化会经历第二次"死亡之谷"[170]。

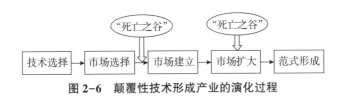

图 2-6　颠覆性技术形成产业的演化过程

二、颠覆性技术形成产业的特殊性

作为特殊的一类新兴技术，颠覆性技术形成产业的过程也极富特殊性。本书认为颠覆性技术形成产业具有不连续性、爆发性、边缘性、不确定性和替代性。

一是不连续性。从来源起点看，颠覆性技术不是现有延长线上的技术，而是"0-1"、非连续的技术，具体表现为新的技术轨道的出现。颠覆性技术归纳起来无非有三大来源：一是科技驱动，即基于科学原理重大突破或重大集成创新产生颠覆性技术；二是应用驱动，即技术跨学科、跨领域或非常规的应用形成颠覆性技术；三是设计驱动，即以颠覆性思路解决问题催生颠覆性技术（问题导向/战略导向），如苹果手机、Space X 猎鹰可回收火箭。

二是爆发性。从演化过程来看，颠覆性技术经历酝酿、萌芽、潜伏、形成、成长、成熟这个漫长的过程，随着其产品性能的提升和市场的逐步扩大，将在某一时刻出现"爆发点"，主流产品出现，催生潜力巨大的市场。从更长的周期来看，这种"爆发性"体现在稳定时期长期连续性的量变由于冲击或者结构变化引发质变的出现，即长期连续的渐进性创新过程中颠覆性创新的突然出现，带来对在位企业市场规模的蚕食和破坏[166]。

三是边缘性。从市场切入方式来看，由于主流产品在市场上的支配地位，颠覆性技术无论是低端切入、高端切入还是新市场切入，都属于从边缘性市场切入。

四是不确定性，体现技术、管理和市场冲突多个方面。作为新生革命性技术（变轨技术），颠覆性技术首先与现有的主导设计和技术体系存在巨大冲突；其次，旧的管理体系不仅不适应颠覆性技术发展，而且往往会阻碍甚至排斥颠覆性技术发展，存在巨大的管理冲突；最后，市场中在位企业由于新进企业的进入会产生动态竞争，市场运行结果具有不确定性。

五是替代性。从效果来看，无论是非延长线上技术的突破带来的技术替代，还是颠覆性技术重大突破后引发的产品与服务（还包括工艺装备和设计方法）的更新换代或新产品形态的全新呈现，抑或是整个产业组织管理模式、产品制造生产模式、商业运行模式的变革，无一不体现颠覆性技术带来的技术替代、市场替代和产业替代。

三、颠覆性技术形成产业的创新生态系统的演化阶段

"演化"在《现代汉语词典》中多指演变（多用于自然界的变化），不同学科对"演化"的定义不同。生物学中，"演化"又被称为"进化"；系统论中，"演化"一般指系统结构、特征、功能或行为随时间推移呈现出的新的变化或形态。作为复杂自适应系统，颠覆性技术形成产业的创新生态系统的演化是指系统的结构和功能随时间推移而发生改变的过程，包含产生、发展、成熟、衰退和更新等过程，是由一种平衡状态转变为另一种平衡状态的过程[171]。颠覆性技术形成产业的创新生态系统演化过程与颠覆性技术产业生命周期和创新动态过程密切相关[172,173]。本书结合颠覆性技术形成产业的演化过程和规律，认为颠覆性技术形成产业的创新生态系统历经孕育期、萌芽期、成长期、成熟期和衰退期五个演化阶段（见图2-7）。各阶段创新主体数量、相互联系和资源流动状态不同，对应复杂网络也伴随着网络节点及节点之间关系的变化。

（一）孕育期

该阶段在战略生态位视角中对应技术选择。由于技术创新的驱动和市场需求的拉动，各方力量（高校、政府、产业界和科研机构等）持续进行

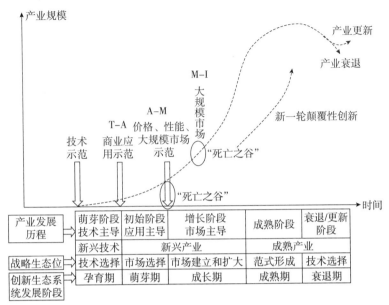

图 2-7 颠覆性技术形成产业的创新生态系统演化阶段

技术创新活动，需要及时从技术簇中识别、挑选出颠覆性技术，并预测其在将来的发展中能否具备改变"游戏规则"的潜力并给予支持。历史证明，基于重大科学突破的颠覆性技术往往是被在位企业研发出来但迫于原有价值网络固化而不得不放弃，最终在新企业或新地区发展壮大，如数码相机和晶体管，颠覆了"柯达"，缔造了"硅谷"，因此需要重视技术选择。

该阶段的技术处在研发期，技术的经济价值和市场价值不确定性明显，风险巨大，没有生产投入，少数创新主体率先开展新技术研发。进行颠覆性技术创新的企业、科研院所、高校等创新主体大多内部进行自主创新，创新主体间基本没有协同或协同程度低。此时尚无或存在较少的合作关系，尚未形成网络。

（二）萌芽期

该阶段在战略生态位视角中对应市场选择。技术选择后，颠覆性技术不断试错、迭代，加快更新成长，逐步找到能够立足的市场空间，实现由技术进入市场第一次"死亡之谷"的跨越，完成市场选择。这一时期颠覆性技术往往在主流企业看不上或不能满足的边缘市场进行布局，因而颠覆性技术产品对应的用户也来自边缘市场或者新的利基市场。

对应于这一时期的颠覆性技术形成产业的创新生态系统，围绕产品创新开发新技术，技术成长更新加快，但技术尚不成熟，仍处在不断尝试和纠错阶段；虽已开发出新产品，但产品性能存在明显不足，产品更新和市场变化频繁，产品主导设计上不确定。这一时期，创新主体开始集聚并逐步加强合作，政府鼓励创新主体间建立联系和合作，给予政策支持。但整体来看企业相对无序，创新主体之间的联系较为松散，无集群优势，集群之间相互联系少，市场不稳定。

从复杂网络视角来看，孕育期形成最初的网络集聚。网络是局部、松散的，结构特征表现为网络密度小、稳定性弱。创新网络表现出无标度网络的典型特征，相较于随机网络，具有较大的聚集系数和较短的平均路径长度，创新资源配置的效率以及知识、信息传播速率明显高于随机网络。

（三）成长期

该阶段在战略生态位视角中对应市场建立和市场扩大。通过市场的选择，颠覆性技术能够不断改进产品性能和提升自身技术，从而迅速以低成本的方式逼近甚至领先主流技术，也使未来市场的主流需求逐渐被替代。进入市场扩大阶段，虽然颠覆性技术的主流性能已经基本追上原技术产品，但基于颠覆性技术成立的新兴企业会面临诸多困难，如原技术产品建立的市场体制、组织体制以及市场份额仍然占据主导地位，边缘市场上获得的利润空间较小，颠覆性技术面临由市场步入产业化，跨越第二次"死亡之谷"的困难和阻碍，必须集中资源和能力进行学习，并解决颠覆性技术在技术和组织上的障碍，形成与其运行环境相匹配的能力和组织结构。跨越第二次"死亡之谷"的颠覆性技术产品进入量产爆发期，此时颠覆性技术逐渐走向主流市场，通过颠覆性技术创新扩散，与主流技术产品展开正面竞争，从而实现扩大市场的目的。

对应于这一时期的颠覆性技术形成产业的创新生态系统，新技术范式下技术逐步成熟，逐步形成具有稳定结构和技术优势的主导产品设计。进行颠覆性技术创新的企业、科研院所、高校等创新主体数量迅速增加，创新资源逐步形成网状集聚，产业链、创新链、资金链、服务链逐步形成网络，可能由于地理接近、文化相同等原因出现集群优势、区域极化，核心企业的重要作用逐步凸显。

从复杂网络视角来看，成长期的创新种群之间创新密度很大，种群之间也打破了各种阻碍创新要素流动的壁垒，实现了更多创新主体之间的跨种群合作，表现出小世界网络的特征，平均最短距离短，接近 ER 网络，但集聚系数很大，接近常规网络。

（四）成熟期

该阶段在战略生态位视角中对应范式形成。随着颠覆性技术的快速发展，将替代原技术成为市场领导者，随之而生的新产业也逐步发展壮大，社会经济体制也在这个过程中不断经历颠覆和变革。

对应于这一时期的颠覆性技术形成产业的创新生态系统，创新主体之间竞争合作相对稳定，创新主体间合作继续加深，集群内小集团效应会随着集群的发展而降低，核心企业作用会下降。

从复杂网络视角来看，该时期创新网络元素趋于完善，创新主体之间关系基本稳定，网络密度趋于合理，创新资源能及时有效流动，网络范围扩展路径丰富，可以获得强大外部能力，呈现出多层次网络特征，是物质流、资金流、信息流等各层面的功能性子系统组成的复杂巨系统和有机体。

（五）衰退期

颠覆性技术形成产业的创新生态系统也会经历衰退期。该阶段在战略生态位视角中对应新一轮的技术选择。原系统进入稳定期以后由于缺乏新的增长动力，系统的创新能力下降，创新环境逐步恶化，进而原系统走向衰退。这一阶段系统的规模逐步减小，创新主体种类和数量减少，创新资源流动效率降低并开始向系统外流出。但是，当新的颠覆性技术开始出现、孕育和发展时，系统可能得到进一步优化并进入新的循环，或者是原系统逐步衰退而另一个新的颠覆性技术形成产业的创新生态系统将会出现并逐步发展、趋于稳定。因而从整体来看，系统结构将从最初的稳定状态随着衰退期的到来逐步转化为不稳定、非平衡状态，最后又会形成新的有序结构，从而实现周而复始的循环。

四、颠覆性技术形成产业的创新生态系统演化的机制

由上文分析可知，颠覆性技术形成产业的创新生态系统演化阶段包括孕育期、萌芽期、成长期、成熟期和衰退期。而颠覆性技术形成产业的创新生态系统之所以能够演化，即产生、持续运行和不断发展，首先始于该创新生态系统的形成，其次是系统内各种机制互相作用，最后是新的创新主体的不断涌现打破原始稳定的系统结构，形成一种推动整个系统发展的力量。因此，颠覆性技术形成产业的创新生态系统演化的机制包括形成机制、运行机制和演化机制。

(一) 形成机制

颠覆性技术形成产业的创新生态系统的形成机制指的是具有不同属性但互相联系的创新组织以及创新资源的集聚[106]。

在创新组织方面，在颠覆性技术产业发展初期，企业、高校、科研院所等创新组织在技术上取得突破，使其在研发应用种群中获得优势地位，成为主导者，从而使辅助层创新主体和其他企业被不断吸引并向其汇聚，初步形成颠覆性技术形成产业的创新生态系统。一旦这些具有先发优势的创新主体获得成功，产生的示范效应和知识溢出效应会吸引其他创新主体通过复制、遗传（各种创新模式）进入这一行业，扩大产业规模。在创新资源方面，由于颠覆性技术存在高度不确定性，创新主体获取资金、人才

等创新政策不易，但是当有良好潜力的产业出现或创新获得进展后，政府、金融机构、中介机构、行业组织等服务协调种群、战略决策种群开始参与其间，并加以干预，创新资源开始向系统聚集，并进行整合、优化、流动、反馈，提升生态系统的创新能力和效率，形成良好的产业创新生态。

重大颠覆性技术形成产业的创新生态系统的创新组织和创新资源聚集主要有以下两种模式：①政府引导模式。以新能源汽车、液晶显示技术、半导体照明技术、数控机床、互联网以及 GPS 技术为代表，该类模式的颠覆性技术创新和初期产业化因市场机制失灵而需由政府扮演主要或重要角色，创新和产业化发展重点围绕政府的战略需求展开，目标是实现国家或产业战略任务。政府一般通过设立项目、计划或形成企业创新联合体，并通过政策的引导，协调企业与高校、科研机构的合作，并通过宏观调控为企业创新提供相应科技中介服务和资金支持，从而形成颠覆性技术形成产业创新生态网络。②市场竞争模式。以人工智能为代表，这类模式往往由于市场能充分发挥作用，政府仅仅需要为其构建较好的创新环境即可。这类模式创新资源的聚集特点是由单个或多个核心企业为主导，配套企业为辅助，政府、高校、科研机构、科技中介机构和金融机构为支撑。

（二）运行机制

颠覆性技术形成产业的创新生态系统的运行机制是创新群落与创新环境在多种机制相互作用下的运转方式[95]，主要包括动力机制、竞合机制、扩散机制和保障机制。在运行机制的作用下，系统结构和功能将随时间推移而变化，从而带来颠覆性技术形成产业的创新生态系统的演化。

1. 动力机制

颠覆性技术形成产业的创新生态系统的动力机制是指能够促进系统进行创新，推动颠覆性技术创新实现，提升系统运行效率的内外部动力要素之间的相互关系和作用机理。

颠覆性技术形成产业的创新生态系统内部动力包括企业家精神和文

化、创新收益以及创新资源保障。颠覆性技术创新尤其需要由内在心理动因驱动的企业家精神，这些动因包括渴求变化和改革、追求成就感和渴望新鲜事物。若干或强或弱的企业家精神为了同一个目标开拓进取，成为驱动创新主体不断进行技术创新和影响系统创新决策的精神动力。企业文化是指在长期的经营和生产过程中，企业形成的被社会和大众所承认的群体规范和价值观。系统内不同的企业文化不断融合、创新，是企业进行颠覆性技术创新的重要导向力。创新收益是以追求利润最大化为目标的企业最为核心的内在驱动力和原始动力，创新收益带来的资金也是企业进行颠覆性技术创新投入的基础。创新资源的集聚是颠覆性技术形成产业的创新生态系统形成和运行的重要支撑力，没有人才、技术、知识、资金资源，颠覆性创新活动就难以保障。

技术进步、市场需求、政府支持和市场竞争是颠覆性技术形成产业的创新生态系统的外部动力。科学技术的进步能够创造出新的市场需求，并将技术知识和市场消息等信息带给企业，让有"嗅觉"的企业集聚创新资源进行创新，实现产业化，是颠覆性技术创新和产业化的动力和条件。而市场需求直接决定了企业的创新方向和收益，即便是科学技术进步也是在创造出市场需求后才发挥出推动作用，因而是技术创新的根本拉动力。政府则通过税收优惠、利率优惠、政策扶持等经济手段对创新主体提供支持，引导创新资源和创新需求。市场竞争是迫使创新主体不断进行技术创新的压力，也是动力。

2. 竞合机制

类似于自然生态系统，竞合机制在颠覆性技术形成产业的创新生态系统中发挥着重要作用。颠覆性技术形成产业的创新生态系统中的竞争机制主要为具有相同或相似创新目标的创新组织之间的种内竞争，能有效提升种群内创新组织的适应能力和生存能力；共生机制主要为两个创新种群通过资源整合、优势互补实现双赢的种群间共生。颠覆性技术独有的特征导致创新生态系统中的创新主体进行独立创新具有较大压力，协作共生成为系统内的主要选择：可以是种群内纵向产业链上异质企业的合作、横向产业链上互补企业的合作或同质企业的联盟，也可以是种群间如产业应用种群、研发创新种群、战略决策种群和创新支持种群之间的协同和互利共生。正是这种竞合机制不断促进颠覆性技术形成产业的创新生态系统的成熟和发展，推动其生命周期从低级到高级的演化。

3. 扩散机制

生态系统中的能量通过食物链/网逐级传递，在颠覆性技术形成产业的创新生态系统中表现为知识、技术和产品通过人才流动、产学研合作等途径在创新主体之间的传播与扩散。

（1）人才流动产生创新扩散。一方面，高校和科研机构培养的人才通过就业的方式将技术、知识、信息在系统内扩散；另一方面，行业之间的人才通过"跳槽"也能带动技术创新等知识扩散。此外，创新主体之间的交流，如企业聘请高校高层次人才技术指导，企业和高校之间进行联合培养、学术交流等，都会促进创新的扩散。

（2）产学研合作产生创新扩散。对于颠覆性技术创新来说，企业往往难以承担创新的高风险和高成本，并且缺乏技术转化的高层次人才，需要与高校、科研机构进行合作。产学研合作过程中，新技术和新产品的研发应用和技术转化需要企业、高校、科研机构相关人员反复沟通，交换信息、知识和技术，并且企业对创新资源和成果的需求越旺盛，技术创新扩散越快；科技中介机构和金融机构在产学研合作中提供信息、资金支持，能够在企业之间、企业与高校科研机构之间建立沟通桥梁，也促进了创新扩散。

（3）产业关联产生创新扩散。纵向产业链上，核心企业产生技术突破时会促使技术和知识外溢，同时带动上下游企业提供配套产品，用户和下游企业能迅速获取对新产品的需求信息反馈给核心企业，也加快了创新扩散速度。横向产业链上，互补企业之间的合作加速知识和技术外溢，竞争企业之间迫于竞争压力会加速引进、模仿和学习新技术和新产品，加快创新扩散。

4. 保障机制

颠覆性技术形成产业的创新生态系统的保障机制是指借助环境和资源

要素通过制度创新和组织网络从而保障系统可持续发展的机制，主要包括政策、资金投入、技术交易、基础设施和信息服务等方面的保障。颠覆性技术形成产业的创新生态系统的保障机制涉及主体多，既有创新主体的自我保障，也有创新主体与社会化服务机构合作，实现创新活动与创新保障体系的合理化分工，但是政府处于绝对的主导地位，是构造并建立系统保障机制最为重要的供给者。政府对颠覆性创新的作用体现在各个环节：在产业化初期，政府通过制定规划、设立项目等引导颠覆性技术创新方向，为其提供基础设施，通过税收、金融、产业等政策调动创新主体积极性。在创新或产业化过程中，通过制定知识产权、科技成果转移转化等法律法规以及搭建信息共享平台促进科技中介机构产生等方式搭建信息共享机制，保证创新主体利益，促进创新主体之间的合作。在产品实现产业化后，政府可以通过政府采购等提供市场。此外，颠覆性技术作为新生事物，往往伴随着各种风险，需要政府从技术风险、伦理道德等方面制定法律法规和调整监管规定，优化颠覆性技术发展环境。在整个过程中，政府在公平竞争的市场环境和创新氛围营造方面也发挥了主导者和维护者的作用。

(三) 演化机制

颠覆性技术形成产业的创新生态系统的演化是在渐进增长过程中伴随着中断突变的，这种波动导致原来稳定的系统结构由最初的稳定状态转化为不稳定、非平衡状态，最后形成新的有序结构[174]。可以说，系统的演化可以看作惯例变异、环境选择和成功的创新惯例保留与扩散。因此，在颠覆性技术形成产业的创新生态系统的演化过程中，遗传、变异和选择的演化机制同样是系统演化的重要机制。

系统中创新惯例（即长期不变的行为、策略、组织等）被其他创新组织或主体学习或遵循下来并扩散于整体系统的过程称为遗传机制。在颠覆性技术形成产业的创新生态系统的孕育期，有优势的创新惯例随着创新种群的形成而保留下来，当系统进入萌芽期和成长期，创新惯例会被其他创新主体和组织复制，并在系统的成熟期被遗传下来，扩散到整个系统。

企业在面临未遇到的问题或机会等特殊情况时对新惯例的搜寻被认为是变异机制，它是系统演化的燃料和动力。如果在一个系统中以往的创新惯例能持续维持成功，那么创新主体将会坚持原有惯例；如果创新失败则会促使创新主体在系统内外部动力因素的作用下不断去寻找新的惯例。由于颠覆性创新具有极大的不确定性，因而难以预先判断创新是否成功，唯有通过不断试错，进行惯例搜寻。在对创新惯例的不断搜寻、试错和改正的过程中，发现新惯例，实现变异。

一个包含变异的基因能否被环境选择出来，我们称之为选择机制。选择机制决定了系统演化的方向。当系统中出现"变异"，当这种"变异"能够提升系统效率，适应经济社会的发展时便会被保留下来，反之则会被淘汰。经过环境的选择，有利"变异"会逐渐被积累下来并在系统中扩散，促使系统演化到另外一种创新能力强、运行效率高的状态。在此过程中，不同于自然生态系统的被动适应，颠覆性技术形成产业的创新生态系统的演化不仅仅取决于环境，更多的是个体和环境的互动，强调个体的主观能动性和系统主动适应环境的过程。

第五节　本章小结

本章首先对本书关注的颠覆性技术和产业创新生态系统的概念进行界定，接着从演化经济学、技术创新理论、复杂网络三方面梳理了相关理论基础，在此基础上结合文献中产业创新生态系统、颠覆性技术相关研究，从一般性和特殊性两方面探索了颠覆性技术形成产业的过程，构建了颠覆性技术形成产业的创新生态系统的理论框架，包含构成与相互关系、演化的阶段及其机制研究。结论如下：①不同于 Christensen 提出的"低端切入"颠覆性技术，本书关注的颠覆性技术具有较高的技术密集度，能服务国家战略需求。②作为特殊的一类新兴技术，颠覆性技术形成产业的过程具有一般性和特殊性。颠覆性技术形成产业的过程包括技术主导阶段、应用主导阶段、市场主导阶段和成熟阶段，存在技术转为应用（T-A）、应用转为市场（A-M）以及市场转为产业（M-I）的关键节点，从来源起点看具有不连续性，从演化过程看具有爆发性，从市场切入方式看具有边缘性，从与现有体系的冲突看具有不确定性，从效果看具有替代性，因而颠覆性技术形成产业的创新生态系统与新兴产业创新生态系统具有一定联系也有区别。③本书认为颠覆性技术形成产业的创新生态系统是由创新企业与外围高校、科研院所、投资机构、科技中介平台、孵化器、创新平台、政府等创新群落之间以及和创新环境之间相互作用而形成的具有参差交错的复杂结构关系的动态的、开放的复杂自适应系统，进一步可细分为核心层、辅助层、环境层。④结合颠覆性技术形成产业的演化过程和规律，本书将颠覆性技术形成产业的创新生态系统分为孕育期、萌芽期、成长期、成熟期和衰退期五个阶段，各阶段创新主体数量、相互联系和资源流动状态及对应复杂网络特征不同。⑤颠覆性技术形成产业的创新生态系统演化的机制包括形成机制、运行机制和演化机制，其中运行机制又主要包括动力机制、竞合机制、扩散机制和保障机制，演化机制可以用生态学和演化经济学中的遗传、变异和选择三种机制来解释。

中国石墨烯产业的发展历程与现状

本章基于文献资料收集、实地调研和深度访谈，对石墨烯技术的颠覆性潜力以及中国石墨烯产业阶段、发展现状、制约因素进行深入分析并做出判断，最后阐释为什么选择石墨烯产业作为本书实证对象。

第一节　石墨烯技术的颠覆性潜力

石墨烯是一种由单层碳原子组成的六角型、呈蜂巢晶格的片状结构的新材料，是只有一个碳原子厚度的二维晶体材料。作为世界上最早的二维碳材料，其发展虽然不到 20 年，却速度飞快（见图 3-1）。

石墨烯产业的快速发展得益于全球各界对石墨烯的高度关注和对它巨大颠覆潜力的认可。石墨烯仅一个原子层厚，是迄今为止最薄、强度最高、结构最致密的材料，并拥有与众不同的电学、热学、光学、磁学等特性，号称"黑金"，是"新材料之王"，开创了 21 世纪新材料纪元。石墨烯的优异性能，如高比表面（约 $2600 \ m^2 \ g^{-1}$）、高导热系数（约 $5300 \ Wm^{-1} \ K^{-1}$）、高电子导电性（电子迁移率为 $15000 \ cm^2 \ V^{-1} \ s^{-1}$）和光学性（透光率 97.7%）、力学性能（1 TPa）、柔性度好和化学性能稳定等，使其具有存储电荷、离子或氢的潜力[175,176]。由于拥有光、电、热、力的优异性能，石墨烯在能源、电子信息、生物医药、环境保护等领域有着深远而

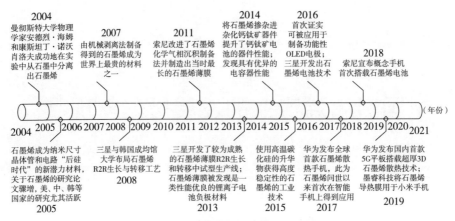

图3-1 石墨烯发展里程碑大事记

广阔的前景[177]。石墨烯的高电子迁移率特点，使其可应用于锂离子电池、超级电容器、晶体管、传感器等；优异的柔韧性使其在柔性显示及可穿戴设备等领域大有可为；作为导热性能极强的材料，石墨烯在电子产品散热材料、锂离子电池快充及其安全领域也具有广泛的应用前景。当前石墨烯的应用主要涉及电池、超级电容器等储能领域，部分应用在复合材料、防腐涂料、散热材料、触摸屏等领域，在细胞成像、纳米药物运输系统、生物检测、生物成像、肿瘤治疗、生物传感器等生物医学领域未来也大有可为。以石墨烯在电池和超级电容器等储能领域的应用为例，其应用涉及人们生活的方方面面，各种消费类电池（笔记本电脑、手机、移动电源等）、动力电池（轨道交通、新能源汽车、电动自行车等）和储能电池（风力发电、智能电网等）等，为我们的生活带来了诸多的便利，且在国防军工领域也有很多的应用（高低温、大倍率充放电特点），如航空航天、卫星通信、舰艇船舶等。

第二节　中国石墨烯产业的发展历程

中国石墨烯产业发展经历了技术主导阶段，已进入应用主导阶段，不久将产生主导设计，从混乱期过渡到增量变化期，迈入市场主导阶段，可能率先在能源领域实现颠覆。

一、技术主导阶段

关于石墨烯的前期研究并非始于 A. K. Geim 和 K. S. Novoselov，实际上积淀很久，跨度近 60 年。可以说，2011 年以前属于石墨烯的科学和技术主导阶段，我国石墨烯制备和市场均在实验室。这一时期石墨烯制备属于微小制备规模，供应单位为毫克或克级，成本高昂（4000~5000 元/克），研究人员是最早的石墨烯消费者，主要活动是石墨烯技术基础研究、研发以及技术应用。

二、应用主导阶段

2011 年以后，石墨烯逐步进入应用主导阶段。这一时期，中国的石墨烯制备技术快速提升，石墨烯粉体和薄膜实现量产，石墨烯防腐涂料、导电油墨、纺织品等产品开始商业化，部分企业将石墨烯应用于手机、锂离子电池等领域，产品通过用户测试和认定，突破中试阶段，正在形成完整的生产线和技术规范。

2011~2014 年，随着石墨烯制备技术的提高，石墨烯生产和市场逐步走向工厂，即由科研院所实验室走向工厂的项目实验室/中试工厂，石墨烯粉体、石墨烯薄膜生产逐步实现量产，这一时期多家石墨烯企业成立。2011 年第六元素、二维碳素成立，2012 年北京碳世纪、宁波墨西、苏州格瑞丰等相继成立。2011 年完成了第一条石墨烯粉体中试线的建设，在石墨烯粉体的批量制备以及石墨烯在电池材料领域的应用研究方面处于国内领先水平。2014 年二维碳素第一条年产 3 万平方米的石墨烯透明导电薄膜生产线实现量产；同年，宁波墨西科技有限公司推出了售价仅 1 元/克、平均厚度 3 纳米的石墨烯微粉材料。

2015~2017 年，部分企业突破中试阶段，产品通过用户测试和认定，生产线完成，在手机、锂离子电池等领域开始应用。2016 年，山西煤化低成本高品质石墨烯中试技术通过省科技厅鉴定，形成 10 吨级成套工艺技术。济宁利特纳米技术有限责任公司已完成 2000 吨石墨烯防腐涂料生产线的建设。青岛瑞利特新材料科技有限公司建成了国内首条 30 吨/年的石墨烯导电油墨生产线。同年，东旭光电推出石墨烯基锂离子电池产品，循环寿命高达 3500 次左右，可实现一刻钟内快速充放电。2017 年，华为发布全球首款石墨烯散热手机，此为石墨烯问世以来首次在智能手机上得到应用。

2018~2021 年，石墨烯防腐涂料和纺织品开始商业化，石墨烯导热薄膜被苹果、华为、小米用于手机，石墨烯电池实现量产。2019 年，华为发布国内首款 5G 平板搭载超厚 3D 石墨烯散热技术，墨睿科技将石墨烯导热膜用于小米手机。2021 年，广汽集团初定 9 月批量生产石墨烯电池。

整体来看，这一时期，产品实现了商业化应用示范，开始进入应用主导阶段，虽然大部分企业由于产品或服务不成熟、成本高，在技术和市场方面还存在极大不确定性，但是也有部分企业通过成熟、低廉的技术在动力储能、复合材料等领域有望率先实现颠覆。当前，企业正在对石墨烯技术和产品的各种形式进行探索，具有"撒手锏"级应用的产品的主导设计正在突破的前夜。经过这一时期的发展，不久产品的性能、成本优势随着应用的推广进一步得到市场确认，将产生主导设计，石墨烯产业将从混乱期过渡到增量变化期，迈入市场主导阶段。

第三节　中国石墨烯产业的发展现状

伴随技术发展、成本降低、政策加持、应用拓展，中国石墨烯产业化进程极为迅速，产业发展呈现如下五个特点：

一是产业规模迅速扩大，能源领域成主要阵地。《中国石墨烯产业研究报告》显示，石墨烯粉体年产能到 2020 年已超过 5000 吨，远超 2013 年的 201 吨；至少有 3 条规模化 CVD 薄膜生产线建成，产能到 2018 年时已达到 650 万平方米；从石墨烯产业应用领域分布情况来看，新能源占 71%、涂料占 11%、大健康占 7%、复合材料占 7%，一方面说明新能源成为石墨烯应用的主要阵地，未来可能在此领域率先实现"撒手锏"级应用；另一方面也说明石墨烯在涂料、大健康和复合材料等领域的发展并驾齐驱。

二是企业数量快速增加，规模和质量参差不齐。从企业数量上来看，中国涉及石墨烯的企业在 2020 年已达 12090 家，众多企业为中小微企业，其他 A 股上市公司 52 家，新三板 19 家，另外还有少量科创板公司、港股上市公司和新四板公司，整体行业还没有完全进入盈利模式；在 A 股上市公司和新三板公司中，材料制备方面的超过 1/3，应用方面的约为 2/3；一万多家公司中，除制备、研发和应用类企业，还有大量公司从事销售和技术服务；此外，除专门的石墨烯公司以外，还有大量公司或仅参股而未实质性投入，或在传统产品中添加石墨烯"蹭热点"，或倾向于投入小、产出快领域，对芯片、光电器件等高端、前沿领域投入不足，与国外行业巨头专注高端领域形成强烈反差。

三是市场产品鱼龙混杂，中高端产品亟待加强。通过对石墨烯企业技术合作关系关于应用领域的词频分析可知，当前理疗护具、智能穿戴、石墨烯基叉车、电缆、油墨、路灯、轮胎、橡胶、润滑剂、润滑油、口罩、采暖、保暖等石墨烯产品的技术合作频繁，说明目前市场上石墨烯相关产品还存在着鱼龙混杂、产品质量参差不齐、产品同质化的现象；此外，企业在石墨烯电池领域合作最为频繁，在电容、导热膜、防腐涂料、手机、触摸屏、显示屏、医疗健康领域发展势头良好，面向光电芯片、柔性器件、电子芯片的石墨烯高端领域则当前技术合作较少，未来还需要进一步在高端产品上加速布局。

四是政府资金助力发展，基础研究世界领先。据《中国石墨烯产业研究报告》统计，2010~2019 年国家自然科学基金支持了 4637 项石墨烯相关项目（占总项目数的 1.2%），总金额达 22 亿元；国家重点研发计划资助了 17 项；863 计划、973 计划和工业强基专项也有支持，重点支持方向包括石墨烯基础研究、光电和电子器件、储能技术、材料制备与应用、可控制备与器件、单层石墨烯薄膜制备及产业化等；工业和信息化部发布的 2018 年工业转型升级资金项目指南提出要打造不低于 5 个石墨烯示范应用的产业链，单个项目支持力度在 2 亿元以下。在各项科研基金的支持下，截至 2020 年 3 月 20 日，中国论文数量已超过 100000 篇，占全球总数的 1/3，是排名次之的美国论文数量的 3 倍；从论文数量增加趋势上看，相较于其他国家，中国起步稍晚于美国和日本，但是自 2010 年起开始爆发式增长；对石墨烯专利来源国的分析显示，中国的石墨烯专利数量遥遥领先，其次是韩国、美国、日本，截至 2018 年 12 月 31 日，中国拥有 48235 件专利，占总专利数的 70.69%，其次是韩国、美国、日本、英国。

五是园区平台竞相成立，资本市场积极投入。石墨烯产业园、创新中心、研究院、产业联盟、制造业创新中心等各类园区和平台已超 50 家，新兴研发机构建设如火如荼、风起云涌。除地方政府外，社会资本成为加速石墨烯行业迅速扩张的另一动力。例如石墨烯公司已获得清源投资、中金公司、中信证券、力合天使等投资公司的资金支持，东旭光电、华丽家族、乐通股份、金路集团、正泰电器等上市公司，烯旺新材料、深圳市翔丰华、深圳市本征方程、贝特瑞、第六元素等石墨烯公司也均有资本投入；此外，中国石墨烯产业母基金等多个产业基金①竞相成立，助力石墨烯产业创新发展；当然，股票市场炒作、概念圈钱等不正常现象时有发生，资本的推波助澜使企业倾向于生产低端产品，进行资本炒作。近年来，随着"石墨烯热"逐渐"退烧"，资本投入和国家政策支持趋于冷静。

---

① 产业基金由各级地方政府联合企业成立，是金融服务体系的一环，借助资本力量，培育更多企业，提高企业融资能力和生存能力，促进石墨烯技术研发、产品开发、成果转化和产业融合。

第四节　中国石墨烯产业发展的制约因素

随着石墨烯从实验室到市场的产业化实践，中国石墨烯产业发展也面临如下制约因素：

（1）从技术层面来看，规模制备、成本和成像问题突出。一是规模制备问题。石墨烯制备方法有 20 多种，可以按照材料制备形态分为粉体、薄膜和纤维。对石墨烯粉体而言，多采用氧化还原法，当前年产量能达到百吨级，但问题的关键是大多数公司生产的石墨烯不仅不是单原子层石墨烯，层数甚至大于或者远大于 10 层，单原子层高质量石墨烯更是几乎没有；对石墨烯薄膜而言，虽然单层 CVD 生长取得突破，但是双层及其扭转角度控制仍存在问题，另外，批量工艺生产与实验室水平差异甚大；针对石墨烯纤维尚缺乏能制备出具有良好性能材料的可靠、简便的方法。制备材料质量的高低是决定石墨烯优异性能能否发挥的关键，不同形态的石墨烯制备面临高质量挑战，并且不同技术路线、不同厂家甚至不同批次的稳定性也难以保障，因此如何规模化制备高质量石墨烯，针对不同厂家、批次如何保证批量制备石墨烯性能的稳定，针对技术路线如何找到其应用路径成为亟待解决的重要问题。二是成本问题。大多数石墨烯生产企业主要是给科研机构或下游应用企业提供石墨烯试用品，小批量生产和处于应用探索阶段使现阶段石墨烯材料成本高昂，加之没有资金的回笼以及前期投入大量的研发经费阻碍了石墨烯应用以及"撒手锏"产品的出现。三是成像问题。如何在保证石墨烯结构完整的情况下，提高粉体材料与基体材料的相容性、均匀分散性也是重要问题之一。

（2）从战略层面来看，顶层设计缺乏。国家和地方高度重视石墨烯产业并积极布局，但是依然存在对整体产业认识不足，缺乏正确的产业推进思路及各地区的针对性布局，从研发到产业的上下游衔接缺乏统筹协调，对产业园建设、高端产品引导不足等问题，缺乏统一的评价标准、产品检测机构，未来需要从国家层面进行整体布局和引导。

（3）从应用层面来看，应用市场尚未真正打开。虽然当前石墨烯各种应用产品层出不穷，尤其电加热、复合材料、纺织品等领域发展良好，但绝大多数属于投入小、产出快的领域或只是对传统材料的改性，尚未形成能够大规模市场示范的中高端石墨烯产品，真正高品质、体现石墨烯独特性能的"撒手锏"级产品尚未出现，缺乏真正的颠覆性应用，应用市场尚未真正打开。但值得注意的是，少部分石墨烯高端应用正在被不断探索，如石墨烯导热薄膜、石墨烯电池等应用已被应用在手机、汽车等下游领域，很有可能引领石墨烯产业爆发。

第五节　本章小结

本章主要对石墨烯技术的颠覆性潜力以及中国石墨烯产业阶段、发展现状、制约因素进行了深入分析，结论如下：从技术上看，石墨烯优异的电、热、光、磁等特性，使其在能源、电子信息、生物医药、环境保护等领域有着深远而广阔的应用前景，颠覆潜力有目共睹；从产业发展阶段来看，石墨烯产业已进入应用主导阶段，不久将产生主导设计，从混乱期过渡到增量变化期，迈入市场主导阶段，未来可能率先在能源领域实现颠覆并带动其他领域实现颠覆，带来产业变革；从产业现状来看，呈现五大特点，规模化制备、顶层设计、应用市场等问题是石墨烯产业发展的主要瓶颈。

本书选择石墨烯作为实证对象的原因是：①石墨烯技术具有巨大的颠覆性潜力。②石墨烯产业发展经历了技术到应用的转变的关键节点，当前已进入应用主导阶段，随着石墨烯在储能领域的快速发展，未来即将迈入市场主导阶段，带来产业变革。因而，对石墨烯产业创新生态系统的研究，一方面能够印证已有理论，另一方面，理论研究成果也能进一步指导石墨烯产业发展。③当前，石墨烯产业面临规模化制备、顶层设计、应用市场等瓶颈问题带来的产业发展的不确定性，选择石墨烯产业作为研究对象，研究结论将对重大科学突破型颠覆性技术形成产业的创新生态系统构建以及该阶段如何从创新生态系统视角考虑政策制定具有参考意义。

石墨烯产业创新生态系统的结构研究

颠覆性技术形成产业的创新生态系统可以看作一个新的价值网络形成和演化的过程，新的价值网络以颠覆性技术的产业化为导向，是一个包括多元创新主体在内的复杂网络①。企业、科研机构、高校、投资机构和政府等创新主体构成了复杂网络的节点，它们之间的相互联系和作用关系则构成了复杂网络的边，主体相互间的影响构建了复杂网络的内在结构和规则。价值网络分析方法能够抽象出系统内部各个主体间的复杂联系，是研究创新生态系统的适用方法。本章采用价值网络方法构建了两个复杂网络：基于技术、投融资和人力资本合作关系数据的石墨烯产业创新生态系统的整体复杂网络，以及基于技术关系数据的复杂网络。通过对两个复杂网络的结构特征、指标和网络结构的分析，抽象出石墨烯产业创新生态系统的构成和互动关系。此外，本章也为石墨烯产业创新生态系统的演化机制分析提供了支撑内容。

---

① 创新网络的概念最早由 Freeman 提出，其认为创新网络是应付系统性创新的一种基本制度安排，主要联结机制是企业间的创新合作关系。Freeman C. Networks of Innovators：A Synthesis of Research Issues［J］. Research Policy，1991，20（5）：499-514.

第一节 研究设计与说明

一、研究设计

(一) 基于关系数据分析的价值网络研究方法

"价值网络"是对不同主体相互作用形成的系统性组织的抽象，是由以价值创造为导向的关系数据所构成的一种网络组织。关系数据是描述不同主体之间互动和合作关系的数据，如样本节点和关系节点之间的合作关系。除了关系数据，属性数据也是本书使用的另一重要概念，指的是描述样本节点等特定个体诸如财产、性质、特点等属性的数据。在本书的价值网络分析中，样本节点即为样本企业，关系节点即为与样本节点存在投融资、人力资源流动、技术合作等关系的其他主体。关系节点的赋能及其与样本节点的相互作用和合作是分析颠覆性技术形成产业的创新生态系统结构、运行机制及演化的基础。

因此，价值网络的分析方法在实际操作中的关键步骤是确定样本企业、搜寻与整理样本企业的关系数据，基于关系数据采用网络分析软件构建复杂网络，基于复杂网络的结构模型、统计指标对网络结构和主体间的互动关系和互动规则进行分析，并抽象出系统的构成和互动关系；关键难点在于如何获取完整、有效的基础数据以及对系统发展过程的事实逻辑的理解。因此，需紧密结合调查研究方法，在实地调研和深度访谈的基础上，获取、补充更为实时、完整的基础数据，进一步进行整理、清洗以确保数据有效，更为重要的是，提炼和归纳现实中颠覆性技术演化过程的事实逻辑，为抽象出颠覆性技术形成产业的创新生态系统，研究其形成、运行机制和演化提供基础。

（二）数据收集和整理

为了研究颠覆性技术形成产业的创新生态系统，本书采用价值网络方法，主要采集和整理了样本企业的属性数据和关系数据。

属性数据主要针对样本企业，通过网络爬虫方法搜索样本企业成立时间、所在省份、企业简介、具体产品、产品应用领域。此外，本书还结合研究需要对企业类型进行了判定。

本书的关系数据包括技术合作、投融资和人力资本三方面的合作数据。其中，技术合作关系包括技术输入关系（样本企业获得的技术赋能）和技术赋能关系（样本企业将自己的技术输出给其他机构或企业）；投融资关系包括样本企业的对外投资关系（投资关系）和样本企业的获投关系（融资关系）；人力资本关系主要收集样本企业创始人及核心技术人员国内外前期学习和工作经历。关系的统计通过赋值"1"和"0"来实现，当存在技术合作、投融资和人力资本关系时，在每类维度下赋值为"1"，否则为"0"。为了获得完整、实时的数据，本书所采用的数据来自实地调查和网络。其中，实地调查数据来自实地调研中的访谈资料和企业官方公布的数据收集；网络数据则采用关键词搜索的检索规则对百度、今日头条、新浪等公开新闻数据逐个检索采集。以石墨烯为例，本书以"样本企业名称+合作或签约或携手或共建+石墨烯"为检索规则，除以上网站外，增加了"石墨烯网"进行检索。随后，将所有数据汇总以后进一步进行整理、清洗和优化，然后按照以上赋值方法对各类关系数据进行赋值。最后，通过社会网络分析软件（本书采用 Gephi）构建价值网络并进行下一步分析。

（三）指标的选择与说明

本书涉及的复杂网络的结构性指标如下：

1. 平均度和平均加权度

平均加权度与平均度的计算方式不同。平均度是把图中所有节点的度数相加，再除以节点的数量，对无向图而言，节点总的度数等于 2 乘以边的数量再除以节点的数量；对有向图而言，平均度等于所有节点的入度或出度相加，再除以节点。平均度的统计中，所有边的权重都当作 1 来计算，平均加权度则需在统计节点度时考虑边的权重，根据加权的度计算平均加权度。

2. 平均路径长度和网络直径

在一个网络中，两个节点之间可能存在多条可连通的路径，其中最短的路径称为最短路径，最短路径的值是最短路径中边的个数。网络中任意两个节点的最短路径之和的平均值为此网络的平均路径长度，任意两个最短路径的最大值为网络直径。

3. 介数中心度

介数中心度是通过统计某个节点被其他节点以最短路径通过的数量与图中最短路径总数之比，来衡量节点在网络中的中介或枢纽作用，即衡量节点所发挥的"结构洞"[1] 功能的强弱。

4. 特征向量中心度

特征向量中心度以一个节点相邻节点的重要性来衡量其重要性，从而推断一个节点在网络中的地位，因为重要节点往往连接诸多节点，且这些与之连接的节点也较为重要。

5. 平均聚类系数

节点一度连接的节点中，实际边数与最大边数之比称为聚类系数。平均聚类系数是指图中所有节点聚类系数的平均值。

二、研究样本的选择及石墨烯样本企业基本情况分析

（一）研究样本选择

研究样本的选择需要考虑典型性和代表性。因此，本书以中国科学院《互联网周刊》发布的"2019 石墨烯企业 100 强"榜单名录为基础，通过

---

[1]　网络中节点之间没有直接连接或者连接中断称为节点之间存在"结构洞"。占据"结构洞"位置的节点是网络中其他节点间信息、资源传播的通道。

剔除不太活跃以及与石墨烯技术关联度较低的企业，参考其他石墨烯行业榜单及产业报告，结合对中国石墨烯重点企业的实地调研情况，增补部分活跃度高且与石墨烯技术关联度高的企业，最终获得共计105家样本企业。

梳理石墨烯的产业链，上游为石墨烯原料及制备设备；中游为各类石墨烯初级产品和中间产品，初级产品主要包括石墨烯薄膜、石墨烯粉体、导电浆料、导热膜、导电膜，中级产品包括石墨烯包覆电极、光电显示材料、触摸屏、散热膜、传感器、LED、碳气凝胶；下游则是石墨烯应用领域，如动力储能、电子产品、医疗健康、复合材料、环保领域，各应用领域对应产品如图4-1所示。

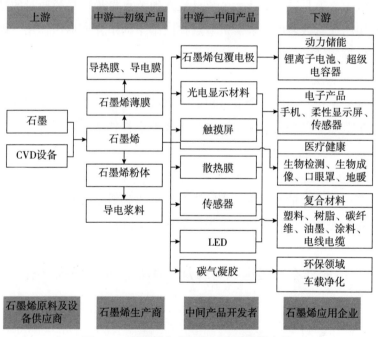

图4-1 石墨烯产业链及对应石墨烯企业

根据"石墨烯原料及设备—石墨烯制备—石墨烯中间产品—下游应用"的石墨烯产业链，本书将石墨烯企业归为四种类型，分别为石墨烯原材料及设备供应商、石墨烯生产商、中间产品开发者和石墨烯应用企业，它们与石墨烯产业链对应关系如图4-1所示。其中，石墨烯制备方法多样、宏观形态呈现多样，大致可以分为粉体和薄膜两种，因此将生产石墨烯薄膜、石墨烯粉体、导电浆料、导热膜的企业归为石墨烯生产商，而部分石墨烯生产商除了生产石墨烯薄膜、石墨烯粉体、导电浆料等，也会研发石墨烯包覆电极、导热膜、光电显示材料、触摸屏、涂料等材料，这一类基于石墨烯本身制备产品的应用研究企业，也归为石墨烯生产商；将主要生产石墨烯光电显示材料、LED、触摸屏、传感器、碳气凝胶等中间产品而不大规模制备石墨烯的，归为石墨烯中间产品开发者；将生产石墨烯电池、电容、手机、口罩/眼罩/地暖、塑料/树脂/碳纤维/油墨/涂料/电线电缆产品的企业归为石墨烯应用企业。

　　依据石墨烯企业在整个创新生态系统及产业链中的不同地位和功能将其分为五类（除上述四类企业外，根据样本企业情况，增加孵化器/创新平台/新型研发机构这一类型），样本企业名单如表 4-1 所示。

表 4-1　石墨烯产业的样本企业名单及其分类

样本企业类型	样本企业名称
石墨烯原料及设备供应商	厦门烯成石墨烯科技有限公司、江西宁新新材料股份有限公司、方大炭素新材料科技股份有限公司、成都炭素有限责任公司、常州碳维纳米科技有限公司、常州墨之萃科技有限公司
石墨烯生产商	新奥石墨烯技术有限公司、江苏江南烯元石墨烯科技有限公司、鸡西市唯大新材料科技有限公司、山东金城石墨烯科技有限公司、珠海聚碳复合材料有限公司、浙江美都墨烯科技有限公司、恒力盛泰（厦门）石墨烯科技有限公司、广东墨睿科技有限公司、北京鑫碳科技有限责任公司、深圳市本征方程石墨烯技术股份有限公司、德尔赫斯石墨烯科技（苏州）有限公司、青岛德通纳米技术有限公司、万鑫石墨谷科技有限公司、山东欧铂新材料有限公司、德阳烯碳科技有限公司、上海碳源汇谷新材料科技有限公司、江苏悦达新材料科技有限公司、北京碳世纪科技有限公司、唐山建华实业集团有限公司、济南墨希新材料科技有限公司、苏州高通新材料科技有限公司、北京墨烯控股集团股份有限公司、重庆墨希科技有限公司、青岛华高墨烯科技股份有限公司、上海悦达墨特瑞新材料科技有限公司、苏州格瑞丰纳米科技有限公司、鸿纳（东莞）新材料科技有限公司、宁波墨西科技有限公司、南京科孚纳米技术有限公司、青岛昊鑫新能源科技有限公司、二维碳素、第六元素、南京吉仓纳米科技有限公司、山东利特纳米技术有限公司、泰州巨纳新能源有限公司、厦门凯纳石墨烯技术股份有限公司、大英聚能科技发展有限公司、宝泰隆、深圳市沃特新材料股份有限公司、中国科学院成都有机化学有限公司

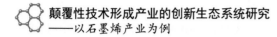
续表

样本企业类型	样本企业名称
中间产品 开发者	中国宝安集团股份有限公司、芜湖长信科技股份有限公司、无锡格菲电子薄膜科技有限公司、碳元科技股份有限公司、四川金路集团股份有限公司、深圳市新纶科技股份有限公司、深圳市翔丰华科技股份有限公司、深圳市德方纳米科技股份有限公司、深圳市川马电子股份有限公司、深圳莱宝高科技股份有限公司、上海新池能源科技有限公司、厦门信达股份有限公司、美都能源股份有限公司、广东道氏技术股份有限公司、格林美股份有限公司、佛山佛塑科技集团股份有限公司、常州碳星科技有限公司、常州富烯科技股份有限公司
石墨烯 应用企业	珠海市乐通化工股份有限公司、中国中车股份有限公司、浙江正泰电器股份有限公司、浙江金洲管道科技股份有限公司、新疆中泰化学股份有限公司、新东方油墨有限公司、欣旺达电子股份有限公司、小米、烯旺新材料科技股份有限公司、上海中天铝线有限公司、山东玉皇新能源科技有限公司、牛墨石墨烯应用科技有限公司、宁波中车新能源科技有限公司、宁波杉杉股份有限公司、明朔（北京）电子科技有限公司、康得新复合材料集团股份有限公司、江苏尊道科技有限公司、江苏中天科技股份有限公司、江苏中超控股股份有限公司、江苏同创节能科技有限公司、江苏洛基木业有限公司、济南圣泉唐和唐生物科技有限公司、华为、湖南立方新能源科技有限责任公司、哈尔滨鑫科纳米科技发展有限公司、广州汽车集团股份有限公司、广西柳工机械股份有限公司、东旭光电、德尔未来科技控股集团股份有限公司、大富科技（安徽）股份有限公司、常州中超石墨烯电力科技有限公司、常州市碳索新材料科技有限公司、常州立方能源技术有限公司、贝特瑞、北京创新爱尚家科技股份有限公司
孵化器/创新 平台/新型 研发机构	重庆石墨烯研究院有限公司、深圳市力合科创股份有限公司、上海南江（集团）有限公司、上海超碳石墨烯产业技术有限公司、力合科创集团有限公司、北京石墨烯研究院有限公司

（二）石墨烯样本企业基本情况分析

1. 成立时间分布

图4-2给出了调研的105家石墨烯企业成立时间分布。从该图来看，中国石墨烯企业的数量在2010年以来呈现大幅上升，说明中国石墨烯产业起步较晚，2010年以后才开始加速发展，此外，2017年后又快速下降，一定程度上说明中国石墨烯企业数量受政策、媒体和大众预期影响较大，"期望膨胀时"企业扩张快，反之则慢。

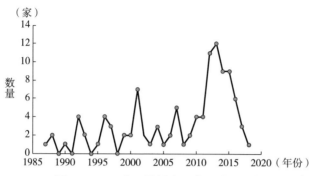

图 4-2　105 家石墨烯企业成立时间分布

2. 企业内部结构

图 4-3 为 105 家石墨烯企业的内部结构，由图可知当前石墨烯生产商和石墨烯应用企业占比分别为 38% 和 33%，两者占比之和高达 71%，说明石墨烯制备和石墨烯应用企业在石墨烯企业中占绝大多数。

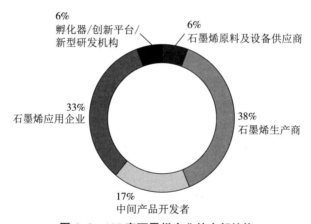

图 4-3　105 家石墨烯企业的内部结构

按照石墨烯样本企业类型进一步对不同类型石墨烯企业的成立时间分析可知（见图 4-4），大批量、低成本生产高质量石墨烯材料是实现石墨烯应用产业化的前提条件，石墨烯生产商在 2010 年前后呈现爆发式增长，这说明目前石墨烯处于加速突破上游规模化制备关键技术的阶段。石墨烯应用企业、中间产品开发者、石墨烯原料及设备供应商则稳步增长，这说明在目前这个发展阶段，受限于高质量石墨烯制备技术，石墨烯正处于应用开发探索中，中游产品质量参差不齐，下游缺乏"撒手锏"级应用驱动力，还未达到产业化爆发点。孵化器/创新平台/新型研发机构因只统计了企业样本，很多科研机构、大学成立的该类型机构不在样本内，因此不能完全反映该类型机构的情况。

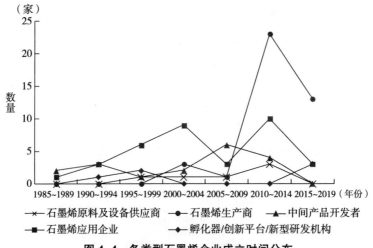

图4-4　各类型石墨烯企业成立时间分布

3. 应用领域分布

通过对 105 家石墨烯企业在石墨烯当前应用领域进行梳理，发现其产品应用领域与前文产业链分析一致，可归属动力储能、电子产品、医疗健康、复合材料、环保领域五大类（见图4-5）。第一，当前石墨烯的应用主要涉及电池、超级电容器等储能领域，未来动力储能为石墨烯最有可能实现大规模应用的领域，尤其是锂离子电池和超级电容器在新能源领域的应用，成为各个企业争相布局的方向，也成为石墨烯的颠覆性应用方向之一；第二，应用在电子产品领域，这说明石墨烯散热材料、屏幕、传感器等在手机、消费类电子产品领域的应用，也是未来的重要发展方向，华为、小米、广汽等下游应用商已率先开展产品攻关；第三，也有部分企业在研发生产石墨烯塑料/树脂/碳纤维/油墨/涂料/电线电缆等复合材料，该类产品多属于石墨烯添加类产品；第四，医疗健康领域也是石墨烯的重要应用领域之一，当前产品集中在口罩/眼罩/地暖等方面，说明健康医疗领域石墨烯应用多集中在中低端产品，真正能够显示石墨烯特殊性能的高端应用如细胞成像、纳米药物运输系统、生物检测、生物成像、肿瘤治疗、生物传感器等尚在实验室中；第五，环保领域，也有10余家企业涉足。

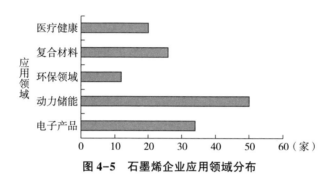

图 4-5　石墨烯企业应用领域分布

4. 企业区域分布

样本企业区域分布如图 4-6 所示，总共涉及 17 个省份。其中，江苏、广东两省的代表性企业数量遥遥领先于其他各省，处于第一梯队；北京、山东、浙江处于第二梯队；上海、四川、福建、黑龙江处于第三梯队；重庆、新疆、江西、湖南、河北、广西、安徽、甘肃也有少量石墨烯代表性企业。这种产业发展的区域差异与区域的人才、科研技术、能源、原料、创新平台、创新政策等基础和资源禀赋差异有关。整体上，石墨烯企业的区域分布大致符合"一核两带多点"的格局[178]。"一核"是指以北京为核心，"两带"是指东部沿海带和位于黑龙江的产业带，"多点"则是广西、四川、重庆、山西、湖南等有着自己发展特色的省份，这种分布也说明石墨烯企业的分布具有一定的区域集聚性，这与地理位置的邻近带来的知识互换、信息共享和技术外溢等有关。

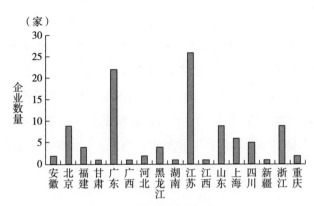

图 4-6　石墨烯企业区域分布

第二节　石墨烯产业创新生态系统整体价值网络分析

一、石墨烯产业创新生态系统的复杂网络拓扑①结构与特征

将采集到的 105 家石墨烯样本企业的所有技术关系、投融资关系和人力关系数据及其统计赋值输入复杂网络分析软件 Gephi0.92，得到石墨烯产业创新生态系统的整体复杂网络结构（见图 4-7）。该价值网络中节点总数为 2406 个，关系数为 3401 条，基本能够概括石墨烯产业创新生态网络的大致轮廓和形态。网络整体结构呈现出"极核状"特征，即各节点对石墨烯产业整体发展的作用不平均，部分节点对石墨烯产业发展具有重要影响。

进一步分析该价值网络结构统计指标，如表 4-2 所示，价值网络平均度为 2.57，平均聚类系数为 0.017，平均路径长度为 5.42，这说明石墨烯产业价值网络具有较短的平均路径长度和较高的平均聚类系数，具有高度聚集性，属于典型的小世界网络。

---

①　通常把不依赖于节点的具体位置和边的具体形态所表现出来的网络结构叫作网络拓扑。

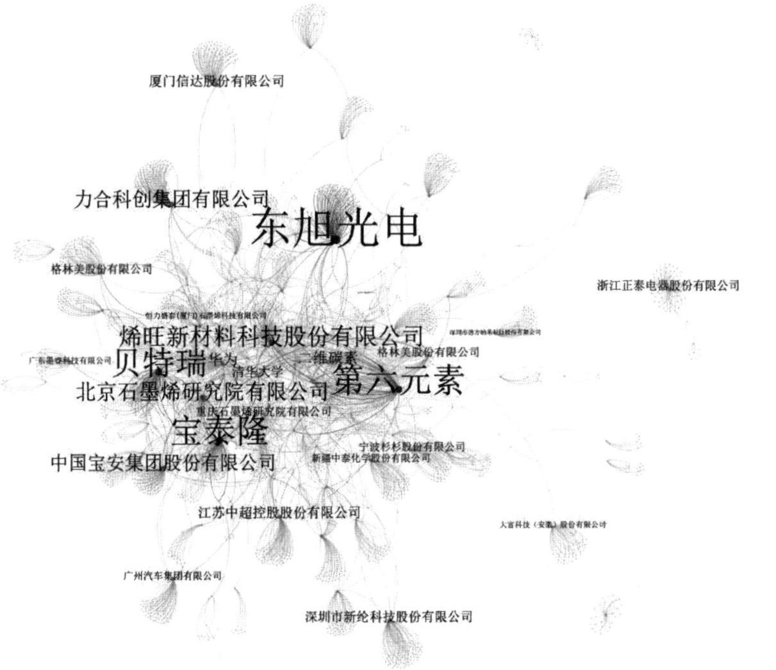

图 4-7　石墨烯产业创新生态系统的整体复杂网络结构

表 4-2　石墨烯产业创新生态系统的整体复杂网络结构指标

统计指标	节点总数	总边数	平均度	平均加权度	网络直径	图密度	平均聚类系数	平均路径长度
统计值	2406	3401	2.57	1.414	12	0.001	0.017	5.42

将该复杂网络中全部节点按介数中心度占比统计排序，得到排名前 30 的节点，如图 4-8 所示。整体来看，前 10 位节点中，除排第一和第十的清华大学和江南石墨烯研究院为关系节点，其余均为样本节点；前 30 位节点中，清华大学、江南石墨烯研究院、中国石墨烯产业技术创新战略联盟、厦门大学、四川大学、北京大学、中科院宁波材料所、上海理工大学、哈尔滨工业大学 9 家机构为关系节点，其余 21 家为样本节点。这说明样本节点在网络中起着主要的"结构洞"作用，同时部分关系节点也对网

络资源有较强的掌控力。"结构洞"的作用体现在具有"信息/资源优势"和"控制优势"：一方面，能够及时获取新的信息和资源且来源多元化；另一方面，作为中转站可以通过对信息和资源的控制对处于"结构洞"两端的节点进行控制，获取"桥"的效益[141]。在样本企业中，以第六元素（石墨烯生产商）、宝泰隆（石墨烯生产商）、贝特瑞（石墨烯应用企业）、华为（石墨烯应用企业）、烯旺新材料科技股份有限公司（石墨烯应用企业）、东旭光电（石墨烯应用企业）、北京石墨烯研究院有限公司（新型研发机构）、厦门凯纳石墨烯技术股份有限公司（石墨烯生产商）等为代表的石墨烯生产商、应用企业、新型研发机构在整个网络中发挥着重要作用，应用领域分布在石墨烯电池等动力储能、石墨烯穿戴等医疗健康、石墨烯涂料等复合材料等领域。

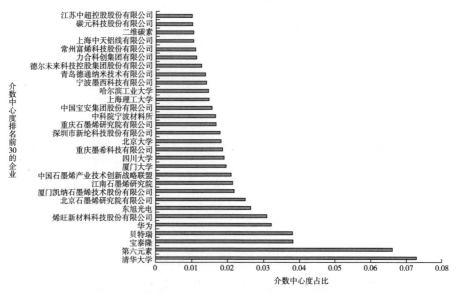

图 4-8　介数中心度排名前 30 的企业占比分布情况

在关系节点中，前 30 位节点中包含清华大学、江南石墨烯研究院、中科院宁波材料所等 9 家机构，这说明以高校、新型研发机构、科研院所或创新平台为代表的关系节点在石墨烯产业发展过程中属于核心梯队，它们通过为样本企业提供人力资源、通过产学研合作方式与样本企业开展技术研发合作，为整个石墨烯产业发展提供智力支撑。尚未发现中介中心度排名靠前的投资机构，这说明当前石墨烯处于产业化初级阶段，距离大规模应用还有较长距离，此阶段尚处于技术开发、应用探索合作阶段，未有大型投资机构为石墨烯企业大规模提供资本支撑。

　　将网络中全部节点按特征向量中心度统计排序，得到排名前30的节点，如图4-9所示。第六元素、宝泰隆、烯旺新材料科技股份有限公司、二维碳素、无锡格菲电子薄膜科技有限公司、常州富烯科技股份有限公司、常州中超石墨烯电力科技有限公司、中国宝安集团股份有限公司、青岛华高墨烯科技股份有限公司等样本企业是占据榜首的主要主体；关系节点中排名靠前的有江南石墨烯研究院、清华大学、哈尔滨工业大学、四川大学等高校、科研院所和新型研发机构。这说明样本企业是连接重要节点的主体，部分高校、科研院所和新型研发机构类的关系节点也连接了重要节点。值得注意的是，其中出现了北大资产经营有限公司，其连接了网络中的重要节点，如北京石墨烯研究院有限公司[①]和宝泰隆等。

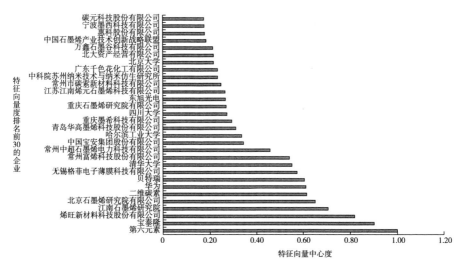

图4-9　特征向量中心度排名前30的企业分布情况

---

　　① 北京石墨烯研究院有限公司由宝泰隆和北大资产经营有限公司等五家企业共同合作成立，重点开展石墨矿资源深加工与新型石墨建材、高端石墨烯装备等九个方向的研究。

二、石墨烯产业创新生态系统人力资本关系分析

本书共收集到 105 家样本企业 98 位核心人员前期学习经验关系数据 147 条，以及 205 位人员的前期工作经验关系数据 710 条，将这些人力资本关系分类统计，如表 4-3 所示，通过人力资本关系内部的互动规则进行剖析，进而解释石墨烯产业生态系统的互动关系和演化机制。

表 4-3　105 家石墨烯企业价值网络关系数据分类统计

	类别	关系数	占比（%）
	前期学习经验	147	100
	国内学习经验	124	84.35
	国外学习经验	23	15.65
人力资本关系	前期工作经验	710	100
	国内工作经验	644	90.70
	国外工作经验	66	9.30
	技术赋能	690	65.03

1. 工作关系统计

图 4-10 展示了核心人力资本国内工作经验关系数量排名前 19 的关系节点，共 190 位核心人员有 644 条境内工作经验关系，共 36 位核心人员有 66 条境外工作经验关系，对此做进一步分析可得[①]：

首先，清华大学、江南石墨烯研究院、北京大学、上海交通大学等成为石墨烯企业人员的主要来源地，这说明国内知名高校、科研院所、新型研发机构的人员流动构成了石墨烯产业核心人力资本的来源，这部分人员通过三种方式与石墨烯企业产生联系：一是曾在高校、科研院所、新型研

---

① 由于 205 位核心人员中部分人员既有境内工作经验，也有境外工作经验，此处有境内工作经验关系和境外工作经验关系的核心人员数量之和超过 205 位。

发机构工作后跳槽进入石墨烯企业从事技术研发与产品创新工作；二是与企业达成合作参与技术研发与产品开发过程；三是科研人员依托研发成果自主创业。

其次，企业之间存在较为频繁的人力资本流动，如贝特瑞、深瑞墨烯科技有限公司、力合创投、常州中超石墨烯电力科技有限公司、大唐电信科技产业集团、京东方科技集团股份有限公司、深圳市通产丽星股份有限公司等公司人员通过独立创业、跳槽等形式流入其他企业，推动石墨烯产业的形成和发展。

最后，国外人才也是石墨烯产业创新生态系统的人力资本来源之一，主要来自美国、澳大利亚、加拿大、英国、日本、德国等国家的大学（26条关系）、科研院所（20条关系）、企业（20条关系）。

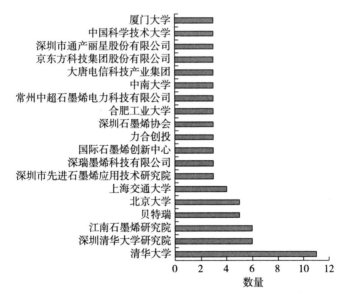

图 4-10 核心人力资本国内工作经验关系数量排名前 19 的关系节点

2. 学习关系统计

如图 4-11 所示，统计的 90 位核心人员有 124 条国内学习经验关系，占前期学习经验关系的 84.35%，18 位核心人员具有 23 条国外学习经验关系，占前期学习经验关系的 15.65%①，其中，清华大学、北京大学、西安交通大学、中科院物理所、上海交通大学、天津大学、吉林大学等国内高校和科研院所为石墨烯产业发展提供较强的人力资本支撑，这说明当前国内大学、科研院所毕业生为石墨烯企业提供了绝大多数人力资本支撑；国外大学虽未显示出特别集中学习的大学或科研院所，也有 15.65% 的人力资本关系来自国外，初步显示出国外大学或企业对石墨烯产业的人力资本输入作用。

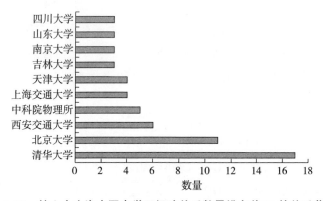

图 4-11　核心人力资本国内学习经验关系数量排名前 10 的关系节点

综上所述，多元化人力资本来源驱动了石墨烯产业创新生态系统各主体的互动关系。首先，清华大学、江南石墨烯研究院、北京大学、上海交通大学等国内知名高校、科研院所、新型研发机构的人员流动构成了石墨烯产业核心人力资本的来源；其次，贝特瑞、深瑞墨烯科技有限公司、常州中超石墨烯电力科技有限公司、京东方科技集团股份有限公司等企业之间存在较为频繁的人力资本流动，推动石墨烯产业运行与发展；最后，从核心人力资本前期学习经验来看，清华大学、北京大学、西安交通大学、中科院物理所等国内高校和科研院所，美国康涅狄格大学、Aixtron 公司、日本产业技术研究所等国外大学、科研院所、企业也对石墨烯产业的人力资本输

_____

① 由于 98 位核心人员中部分人员既有国内学习经验，也有国外学习经验，此处有国内学习经验关系和国外学习经验关系的核心人员数量之和超过 98 位。

入发挥着重要作用。

三、石墨烯产业创新生态系统投融资关系分析

表 4-4 统计了 105 家样本企业的投融资关系，其中，样本企业共获投 283 次，占总投融资数量的 20.76%，样本企业共投资 1080 次，占总投融资数量的 79.24%。

表 4-4　石墨烯产业创新生态系统投融资关系统计

	类别	关系数	占比（%）
投融资关系	投融资次数	1363	100
	获投次数	283	20.76
	投资次数	1080	79.24

石墨烯样本企业的投资方主要有清源投资、中金公司、中信证券、力合天使、紫荆汇富、易方达资产管理等公司，它们为石墨烯产业提供了资金支持（见图 4-12）。清源投资了包括无锡格菲电子薄膜科技有限公司、常州富烯科技股份有限公司、二维碳素、第六元素等石墨烯生产商和中间产品开发商；中金公司投资了包括中国宝安集团股份有限公司、美都能源股份有限公司、方大炭素新材料科技股份有限公司以及宝泰隆石墨烯中间产品开发商、原材料提供商和石墨烯制备商；中信证券主要投资了中国宝安集团股份有限公司、深圳市翔丰华科技股份有限公司、深圳市德方纳米科技股份有限公司、宁波杉杉股份有限公司、康得新复合材料集团股份有限公司等中间产品开发商和应用企业。由此可见，投资公司对石墨烯原材料来源、制备、中间产品开发和应用企业均有所涉猎，其中中间产品开发商虽然总数量相对不多，但更容易得到头部投资公司的青睐。

对获投次数前 10 位样本企业统计排序，如图 4-13 所示。贝特瑞、第

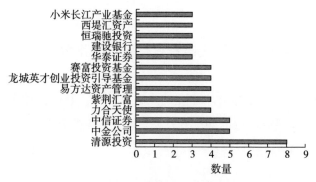

图 4-12 投资机构投资石墨烯企业次数前 13 位关系节点

六元素、格林美股份有限公司、二维碳素、鸿纳科技等样本企业获投次数
最多，说明石墨烯用于锂离子电池（贝特瑞、鸿纳科技）、石墨烯粉体规
模化生产（第六元素）、石墨烯透明导电薄膜生产及应用（二维碳素）是
资本市场看中的重点方向。

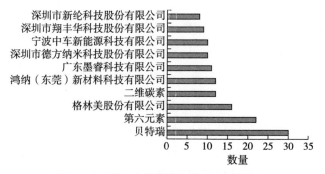

图 4-13 样本企业获投次数前 10 位排序

石墨烯企业之间的互相投资是石墨烯产业发展的重要推动力。例如，
深圳石墨烯创新有限公司获得烯旺新材料科技股份有限公司、深圳市翔丰
华科技股份有限公司、深圳市本征方程石墨烯技术股份有限公司、贝特瑞
样本企业的投资；山东创联石墨烯创新中心有限公司获得山东利特纳米技
术有限公司、青岛华高墨烯科技股份有限公司共计 3 次投资；江苏江南烯
元石墨烯科技有限公司获得常州中超石墨烯电力科技有限公司、常州市碳

索新材料科技有限公司、第六元素 3 次投资；常州中超石墨烯电力科技有限公司获得重庆墨希科技有限公司和宁波墨西科技有限公司的投资；无锡格菲电子薄膜科技有限公司获得第六元素和烯旺新材料科技股份有限公司的投资。

第三节　基于技术关系的石墨烯产业创新生态系统价值网络分析

一、石墨烯产业创新生态系统的复杂网络拓扑结构和核心节点

前面详细分析了构成石墨烯产业创新生态系统整体价值网络的人力资本和投融资关系，为了重点分析其技术合作关系及互动规则，将采集到的 105 家石墨烯样本企业的技术输入和技术赋能关系数据的统计赋值后[①]，输入 Gephi 0.92 软件中，构建了一个基于技术关系的石墨烯产业创新生态系统的复杂网络，该网络由 631 个节点（主体）和 1183 条边（关系）组成，如图 4-14 所示。

基于技术关系数据构建的石墨烯产业创新生态系统的复杂网络中（见图 4-14），每条边都对应技术来源方指向技术接收方的技术关系，用加权入度和加权出度表示。此外，按加权度大小定义节点直径，展示节点重要性差异。为了统计和展示的方便与简洁，用 A~E 五类标签表示样本节点，用 F~L 七类标签表示关系节点，如表 4-5 所示。

---

　　① Gephi 中构建复杂网络结构模型以及进行指标计算时，关系数据的赋值与网络中边的权重对应，由此体现一条边（关系）的重要性和强度。

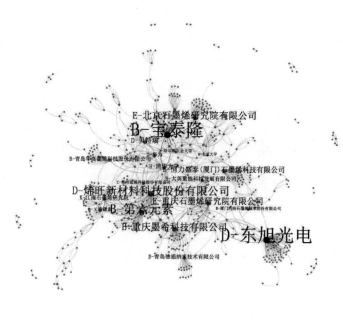

图 4-14　石墨烯产业创新生态系统的复杂网络结构

表 4-5　各类型样本节点和关系节点标签情况说明

节点类型		标签
样本节点	石墨烯原料及设备供应商	A
	石墨烯生产商	B
	中间产品开发者	C
	石墨烯应用企业	D
	孵化器/创新平台/新型研发机构	E
关系节点	非样本企业	F
	科研院所	G
	高校	H
	政府	I
	医院	J
	非样本—孵化器/创新平台/新型研发机构	K
	其他	L

图4-15展示了加权度排名前30的节点及排名。从中可以看出，石墨烯产业创新生态系统的复杂网络中，核心节点可以概括为以下几种类型：第一类是以东旭光电、烯旺新材料科技股份有限公司、贝特瑞、华为、小米、三星为代表的石墨烯应用企业，它们中有石墨烯下游应用商，如小米、三星、华为等，有石墨烯电池、眼罩、医疗仪器、节能照明、防腐涂料等终端产品商，为网络中加权度最高的一类节点之一，从应用端和需求端驱动石墨烯技术的产业化。第二类是以宝泰隆、第六元素、重庆墨希科技有限公司、恒力盛泰（厦门）石墨烯科技有限公司为代表的石墨烯生产商，为网络中加权度最高的一类节点之一，为整个网络提供石墨烯薄膜、粉末等石墨烯应用产品的原料，从石墨烯宏量生产技术、原料制备领域为石墨烯中间产品开发和终端应用提供来源，在网络的演化中也具有较高的活跃度。第三类是以北京石墨烯研究院有限公司、重庆石墨烯研究院有限公司、江南石墨烯研究院等为代表的孵化器/创新平台/新型研发机构，主要通过石墨烯共性技术和应用产品研发，通过众创空间、企业孵化、投资、产业化平台等方式促进科技成果从实验室走向市场。第四类是以清华大学、哈尔滨工业大学、四川大学、北京大学、厦门大学、上海交通大学、中科院宁波材料所、中科院重庆绿色智能技术研究院、中科院金属所、中科院上海微系统所为代表的高校和科研院所，主要为石墨烯生产商、应用商等石墨烯相关企业提供科学研究和技术支持，也是网络中的重要节点。第五类是以七台河市、泰州市等为代表的政府，与样本企业一起在建立石墨烯产业联盟、石墨烯标准、石墨烯产业园等方面推动石墨烯产业创新生态系统的发展，而以北京301医院为代表的医院则是石墨烯在健康医疗应用方面的样本企业的重要技术合作者。

二、石墨烯产业创新生态系统的复杂网络的结构特征

借助Gephi 0.92软件，进一步对网络的加权度分布情况进行整理分析，如图4-16所示。

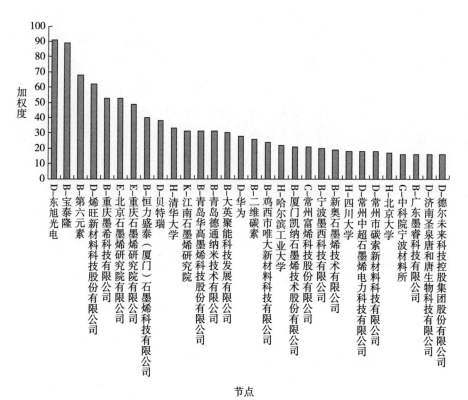

图 4-15　石墨烯产业创新生态系统的复杂网络中加权度排名前 30 的节点

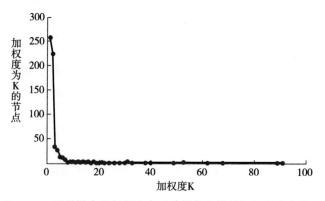

图 4-16　石墨烯产业创新生态系统的复杂网络加权度分布情况

为了比较石墨烯创业创新网络的结构指标，本书利用 Gephi 0.92 产生了 3 个与石墨烯产业创新生态系统的复杂网络的节点数、网络密度相同的随机网络（Gephi 生成的随机网络均为有向图）作为对照组，并统计石墨烯产业创新网络与三个随机网络的网络直径、网络密度、平均聚类系数、平均路径长度，结果如表 4-6 所示。

表 4-6　石墨烯产业创新生态系统的复杂网络的结构指标及对比

网络类型		节点数	边数	网络直径	网络密度	平均聚类系数	平均路径长度
样本	石墨烯产业创新网络（有向）	631	1183	15	0.003	0.023	5.087
对照组	随机网络 1	631	1110	9	0.003	0.002	2.544
	随机网络 2	631	1226	9	0.003	0.002	2.926
	随机网络 3	631	1197	10	0.003	0.003	2.835
	随机网络 4	631	1010	7	0.003	0.001	2.492

对表 4-6 和图 4-16 进一步分析，发现石墨烯产业创新生态系统的复杂网络呈现两个特征：一是"小世界"特征。更高的平均聚类系数表明石墨烯产业创新生态系统的复杂网络具有聚团特性和"小世界"特征（小世界网络表现出较短的平均距离和相对较大的集聚系数，ER 随机网络表现出集聚系数低且平均距离小；本对照组中石墨烯产业创新网络平均路径长度虽没有随机网络短，但也属于较短的平均路径长度），这说明产业生态系统正在逐步提升连接效率。二是"无标度"特征。石墨烯产业创新生态系统的复杂网络在加权度分布上呈现典型的"幂率"特征，即少数节点拥有大量关系而大量节点拥有少量关系，是无标度网络模型的典型特征，表明该网络具有非均衡性，核心节点对网络形成和运行起着重要作用。

三、石墨烯产业创新生态系统的复杂网络构成

为了探究石墨烯产业创新生态系统的构成、形成与运行机制，分析不

同节点在系统中的功能、作用，进一步对不同类型节点的详细统计指标进行分析。

（一）主体构成

石墨烯产业创新生态系统的复杂网络的主体包括 5 类样本企业和 7 类关系节点，分类统计其节点数占比和加权度分布情况，结果如图 4-17 所示。从样本节点来看，5 类样本节点数占全部节点数的 15.69%，但其加权度占整个网络的 54.07%，说明样本企业是石墨烯产业创新生态系统复杂网络中的核心主体。样本企业中，石墨烯生产商数量占比为 6.50%，但其加权度占比达到 25.87%；石墨烯应用企业数量占比 5.39%，但其加权度占比为 17.16%，孵化器/创新平台/新型研发机构数量较少，仅占 0.95%，但其加权度占比却达到 5.33%，这说明这类节点尽管数量少但也处于核心地位；相较之下，石墨烯中间产品开发者数量少，加权度占比也相对较低。这说明样本节点中又以石墨烯生产商、石墨烯应用企业为核心中的核心。从关系节点来看，总节点数 46.28% 的非样本企业加权度占比为 19.23%，占节点总数 23.30% 的高校和科研院所加权度占比为 18.68%，这几类节点构成了石墨烯产业创新生态系统复杂网络的次级核心。

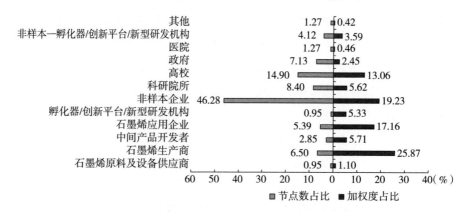

图 4-17　石墨烯产业创新生态系统的复杂网络主体构成及加权度占比

（二）各类创新主体的网络统计指标分析

基于 Gephi 0.92 的输出结果，进一步对各类主体的加权出入度、介数中心度和特征向量中心度进行统计分析，结果如下。

1. 加权入度和加权出度分析

为分析各创新主体技术输入（加权入度）和技术赋能（加权出度）情况，统计整理石墨烯产业创新生态系统复杂网络中各主体加权入度、加权出度以及每一类节点加权入度和加权出度与总加权度之比的情况，如表4-7所示。

表4-7　石墨烯产业创新生态系统的复杂网络各主体网络统计指标分析

节点类型		标签	节点数	加权入度	加权出度	加权度	加权入度占比（%）	加权出度占比（%）
样本节点	石墨烯原料及设备供应商	A	6	14	12	26	0.59	0.51
	石墨烯生产商	B	41	239	373	612	10.10	15.77
	中间产品开发者	C	18	62	73	135	2.62	3.09
	石墨烯应用企业	D	34	196	210	406	8.28	8.88
	孵化器/创新平台/新型研发机构	E	6	45	81	126	1.90	3.42
关系节点	非样本企业	F	292	319	136	455	13.48	5.75
	科研院所	G	53	60	73	133	2.54	3.09
	高校	H	94	136	173	309	5.75	7.31
	政府	I	45	51	7	58	2.16	0.30
	医院	J	8	8	3	11	0.34	0.13
	非样本—孵化器/创新平台/新型研发机构	K	26	45	40	85	1.90	1.69
	其他	L	8	8	2	10	0.34	0.08
合计			631	1183	1183	2366	50	50

复杂网络中样本节点和关系节点的加权出入度占比情况如图4-18所示，得出以下结论。首先，样本节点技术输出（加权出度占比31.66%）要高于技术输入（加权入度占比23.50%）；关系节点技术输入关系（加权入度占比26.50%）稍多于技术输出（加权出度占比18.34%）。其次，石墨烯产业创新生态系统复杂网络的技术互动关系主要为样本节点和关系节点间的互动，以及样本节点自身的互动。这是因为，根据复杂网络连入和连出对等的特性，样本企业技术赋能关系大部分关系（31.66%）被关系节点（26.50%）所吸收，另一部分（5.16%）则被样本企业自身内部间吸收；同时，样本节点的技术输入中（23.50%），18.34%来自关系节点的赋能，5.16%来自样本企业内部的赋能。因此，为了进一步探讨各类型节点的技术互动机制，分别对各类型节点的加权入度和加权出度占比进行统计和分析（见图4-19）。

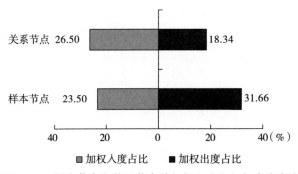

图4-18 样本节点和关系节点的加权入度和加权出度占比

（1）样本节点和关系节点间的技术互动。

从加权出度看，样本节点加权出度占比为全部加权度的31.66%，占全部加权出度的78.6%，而关系节点中的高校/科研院所、非样本企业也是复杂网络中提供技术赋能的重要主体，其总体技术赋能约占全部技术合作关系的16.15%，占全部技术赋能关系的32.3%。总体来看加权出度排名情况，石墨烯生产商（占15.77%）排名第一，高校和科研院所（占10.40%）排名第二，后续依次是石墨烯应用企业（占8.88%）、非样本企业（占5.75%）、孵化器/创新平台/新型研发机构（占3.42%）、中间产品

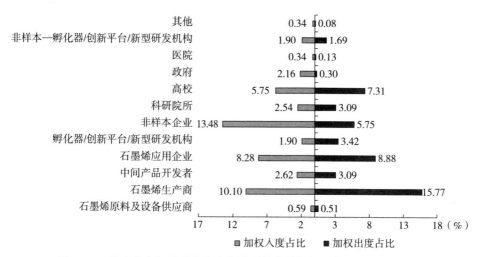

图 4-19　样本节点和关系节点中各类型节点的加权入度和加权出度占比

开发者（占 3.09%）。以上数据说明，样本企业、高校和科研院所、非样本企业是整个网络的技术赋能主体，其加权出度占比约为全部加权度的47.31%，占全部加权出度（全部技术输出关系）的 94.62%。

从加权入度来看，关系节点加权入度占比为全部加权度的 26.50%，占全部加权入度的 53%，而样本节点中的石墨烯生产商、石墨烯应用企业亦是网络中技术输入集中的主体，两者技术输入关系占全部技术合作关系的 18.38%，占技术输入关系的 36.76%。总体来看加权入度的排名情况，依次为非样本企业（占 13.48%）、石墨烯生产商（占 10.10%）、石墨烯应用企业（占 8.28%）、高校和科研院所（占 8.29%）、中间产品开发者（2.62%）、政府（2.16%）以及医院等关系节点。以上数据说明，关系节点、石墨烯生产商（占 10.10%），石墨烯应用企业（占 8.28%）、中间产品开发者（2.62%）是整个网络的技术输入主体，其加权入度占比约为全部加权度的47.5%，占全部加权入度（全部技术输入关系）的 95%。

（2）样本节点自身的互动。

对每类节点类型的加权入度和加权出度对比来看，在样本企业中，石墨烯生产商加权入度占比为 10.10%，加权出度占比为 15.77%，说明石墨烯生产商技术赋能比其技术输入关系更多，是网络的赋能主体；石墨烯应用企业、中间产品开发商、石墨烯原料及设备供应商加权入度占比和加权出度占比相当，如石墨烯应用企业加权入度占比为8.28%，加权出度占比为8.88%，说明其技术赋能和技术输入关系相当；对于孵化器/创新平台/新型研发机构，其加权入度占比为1.90%，加权出度占比为3.42%，说明其虽然数量少但技术赋能能力强。在关系节点中，非样本企业加权入度占比为13.48%，加权出度占比为5.75%，说明非样本企业是主要被赋能的主体；高校、科研院所则相反，是主要的赋能主体。因此，石墨烯生产商、高校/科研院所、孵化器/创新平台/新型研发机构是主要的技术供给主体；非样本企业、政府、医院等机构是主要的技术需求主体；而石墨烯应用企业、中间产品开发者、石墨烯原料及设备供应商既是技术输出主体也是技术输入主体，如图4-20所示。此外，非样本企业虽然技术输入关系多于技术赋能关系，并据此将其归为技术需求主体，但是非样本企业在关系数上，无论是在供给网络中还是在需求网络中都占据了首要位置。同样，科研院所/高校和孵化器/创新平台/新型研发机构虽然技术赋能（供给）关系多于技术输入关系，并据此将其归为技术供给主体，但它们的技术输入（需求）关系绝对数也不少。

由以上分析可知，在技术互动关系方面，石墨烯产业创新生态系统复杂网络的运行主要源自样本节点和关系节点间的技术互动，以及样本节点自身的技术互动，即由样本企业的技术赋能（供给）和关系节点的技术输入（需求）主导，关系节点的技术赋能（供给）和样本节点的技术输入（需求）以及样本节点内的技术赋能（供给）和技术输入（需求）配合。因此，可以说整体上样本节点是主要技术赋能主体，关系节点是重要的技术输入主体，但是样本节点中的石墨烯生产商、石墨烯应用企业、中间产品开发者也是重要技术输入主体（需求主体），关系节点中高校和科研院所、非样本企业也是重要技术输出主体（供给主体），如图4-21所示。

综合以上分析，可以判断石墨烯正处于产业化初期阶段，一方面，整体规模较小；另一方面，样本企业在产业链上的定位还未完全明晰，例如

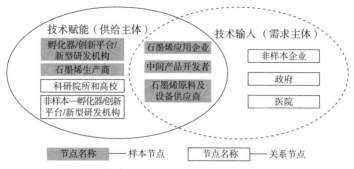

图 4-20　技术供给主体与技术需求主体分布情况

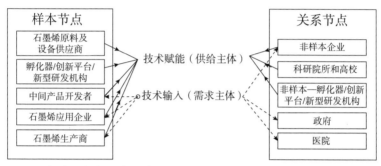

图 4-21　石墨烯产业创新生态系统中样本节点与关系节点及样本节点自身的技术互动

石墨烯应用企业往往也需要做石墨烯生产，石墨烯生产企业也需要做应用开发。这些情况也导致样本企业相互之间的技术输入和技术输出关系占比比较多，样本企业内技术合作较为频繁。此外，企业为了寻求"爆款"产品，突破产业技术瓶颈，采取的主要方式是有技术储备的小企业与愿意涉足石墨烯领域的大企业合作、企业与高校和科研院所联合研发，从而产生了样本节点和关系节点间的技术互动关系。以建产业园、创新中心、产业联盟、产业基金等方式促进石墨烯产业发展是政府保障石墨烯产业发展的重要方式，医院、电池、电缆企业则是石墨烯应用领域探索的主体企业。

2. 介数中心度和特征向量中心度分析

石墨烯产业创新生态系统的复杂网络中各类主体介数中心度、特征向量中心度情况如表 4-8 所示。基于该结果，进一步计算每一类节点介数中心度、特征向量中心度与其总体的占比，结果如图 4-22 所示。

表 4-8　各主体介数中心度、特征向量中心度情况

	节点类型	标签	节点数	介数中心度	特征向量中心度	平均介数中心度	平均特征向量中心度
样本节点	石墨烯原料及设备供应商	A	6	1420.00	0.11	236.67	0.02
	石墨烯生产商	B	41	220151.52	3.94	5369.55	0.10
	中间产品开发者	C	18	34714.12	1.01	1928.56	0.06
	石墨烯应用企业	D	34	120941.36	3.20	3557.10	0.09
	孵化器/创新平台/新型研发机构	E	6	45529.01	1.03	7588.17	0.17
关系节点	非样本企业	F	292	6277.64	9.93	21.50	0.03
	科研院所	G	53	26374.07	1.74	497.62	0.03
	高校	H	94	131255.14	4.15	1396.33	0.04
	政府	I	45	223.96	1.51	4.98	0.03
	医院	J	8	0.00	0.49	0.00	0.06
	非样本—孵化器/创新平台/新型研发机构	K	26	39256.18	1.06	1509.85	0.04
	其他	L	8	0.00	0.29	0.00	0.04
合计			631	626143.00	28.47		

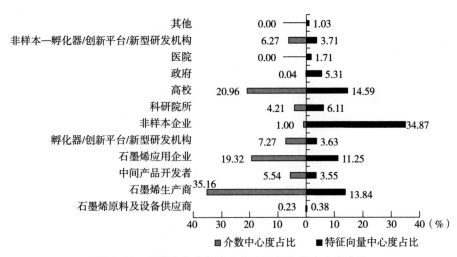

图 4-22　各类主体介数中心度和特征向量中心度占比

从介数中心度排名来看，样本企业无论是在整体上还是平均值上均排名靠前，且以相对数量较少的节点数（仅占全部节点数的 16.6%）占据了整个网络 67.52% 的介数中心度。这说明少量的样本节点是整个网络的枢纽，大量节点都是以它们为共同合作方，围绕其开展业务和创新活动（见图 4-22）。特别地，样本企业中的孵化器/创新平台/新型研发机构，虽然其节点数仅占全部节点数的 0.95%，平均介数中心度却高达 7588.17，在所有节点中排名第一，这说明该类节点起着绝对强的中介和枢纽作用，只是由于该类企业类型的样本节点较少，因此削弱了该类型节点在介数中心度上的整体表现。石墨烯生产商作为平均介数中心度排名第二的一类节点、总体介数中心度排名第一的节点，其节点数仅占全部节点的 6.50%，介数中心度占比达到 35.16%，也是网络中的枢纽和核心。同样，石墨烯应用企业是整个网络中的次级枢纽和核心。在关系节点中，高校/科研院所与非样本—孵化器/创新平台/新型研发机构表现突出，其介数中心度占比达到 31.44%，说明这几类节点也是石墨烯其他主体的共同合作者和网络中的重要枢纽节点。

从特征向量中心度均值来看，孵化器/创新平台/新型研发机构、石墨烯生产商、石墨烯应用企业具有相对较高的平均特征向量中心度，说明这几类节点是网络中相对重要节点的合作对象。关系节点中，医院具有较高的特征向量中心度，但节点数很少，说明有重要合作方与医院进行合作，经查阅具体关系数据信息，具有代表性的是烯旺新材料科技股份有限公司与医院在石墨烯发热技术、给药促透、血液循环等领域合作频繁。

从特征向量中心度整体占比来看（见图 4-22），非样本企业、高校、石墨烯生产商、石墨烯应用企业排名靠前，其中非样本企业最高，达到 34.87%。这表明，虽然非样本企业的单个节点特征向量中心度相对不突出，但是由于其节点数量众多，作为一个整体仍然是石墨烯产业创新网络的重要主体。

3. 小结

将以上结果分析汇总到表 4-9，以便对比同类型节点的各个结构性能指标。石墨烯生产商是具有较强中心枢纽作用的技术供给方，而非样本企业是拥有重要合作方的重要主体技术需求方；高校、科研院所以及石墨烯应用企业则是技术输出、技术输入、中心枢纽以及具有重要合作方的次级核心节点；而孵化器/创新平台/新型研发机构因节点较少，这些性能在各类型节点中尚不突出。但是对比单个节点结构性能指标（见表4-10）可以发现，单个节点的孵化器/创新平台/新型研发机构拥有绝对领先的平均加权出度、平均加权入度、平均介数中心度以及平均特征向量中心度，这说明孵化器/创新平台/新型研发机构是整个石墨烯产业创新网络的中心枢纽和连接重要节点的技术需求方或技术供给方；同样，石墨烯生产商在单个节点的结构性能指标方面也表现突出，其次是石墨烯应用企业，样本企业在平均结构性能指标方面表现良好（技术赋能、技术输入、枢纽作用、拥有重要合作方）。

表4-9　同类型节点的结构性能指标汇总比较　　　　　单位：%

	网络类型	加权出度占比	加权入度占比	介数中心度占比	特征向量中心度占比
样本节点	石墨烯原料及设备供应商	0.51	0.59	0.23	0.38
	石墨烯生产商	15.77	10.10	35.16	13.84
	中间产品开发者	3.09	2.62	5.54	3.55
	石墨烯应用企业	8.88	8.28	19.32	11.25
	孵化器/创新平台/新型研发机构	3.42	1.90	7.27	3.63
关系节点	非样本企业	5.75	13.48	1.00	34.87
	科研院所	3.09	2.54	4.21	6.11
	高校	7.31	5.75	20.96	14.59
	政府	0.30	2.16	0.04	5.31
	医院	0.13	0.34	0.00	1.71
	非样本—孵化器/创新平台/新型研发机构	1.69	1.90	6.27	3.71
	其他	0.08	0.34	0.00	1.03

注：根据同类型节点的加权出度、加权入度、介数中心度和特征向量中心度同类型整体占比排序获得。

表 4-10　单个节点的结构性能指标汇总比较

网络类型		平均加权出度	平均加权入度	平均介数中心度	平均特征向量中心度
样本节点	石墨烯原料及设备供应商	2.00	2.33	236.67	0.02
	石墨烯生产商	9.10	5.83	5369.55	0.10
	中间产品开发者	4.06	3.44	1928.56	0.06
	石墨烯应用企业	6.18	5.76	3557.10	0.09
	孵化器/创新平台/新型研发机构	13.50	7.50	7588.17	0.17
关系节点	非样本企业	0.47	1.09	21.50	0.03
	科研院所	1.38	1.13	497.62	0.03
	高校	1.84	1.45	1396.33	0.04
	政府	0.16	1.13	4.98	0.03
	医院	0.38	1.00	0.00	0.06
	非样本—孵化器/创新平台/新型研发机构	1.54	1.73	1509.85	0.04
	其他	0.25	1.00	0.00	0.04

注：根据不同类型节点的平均加权出度、平均加权入度、平均介数中心度和平均特征向量中心度排序获得。

第四节　石墨烯产业创新生态系统的结构

一、石墨烯产业创新生态系统构成及功能作用

　　基于以上对石墨烯产业创新网络中人力资本、投融资和技术关系及其互动规则的分析，可以进一步归纳石墨烯产业创新生态系统的构成和互动关系。石墨烯产业创新生态系统各创新主体可按其地位和功能作用分为三个层次、五个种群、九个类型，各创新主体之间的典型代表、功能作用及所属层次如表 4-11 所示。

表4-11　石墨烯产业创新生态系统构成及功能作用

		节点类型	典型代表	功能作用
核心层	产业运营种群	石墨烯原料及设备供应商	厦门烯成石墨烯科技有限公司、方大炭素新材料科技股份有限公司	对应石墨烯产业链上游，提供石墨烯原料及设备
		石墨烯生产商	宝泰隆、厦门凯纳石墨烯技术有限公司、第六元素、重庆墨希科技股份有限公司、恒力盛泰（厦门）石墨烯科技有限公司	对应石墨烯产业链中游初级产品，为整个网络提供石墨烯薄膜、粉末等石墨烯应用产品的原料，从石墨烯宏量生产技术、原料制备方面为石墨烯中间产品开发和终端应用提供来源，在创新网络的演化中也具有较高的活跃度
		中间产品开发者	碳元科技股份有限公司、美都能源股份有限公司、格林美股份有限公司	石墨烯作为一种材料往往需要首先做成器件，对应石墨烯产业链中游中级产品
		石墨烯应用企业	贝特瑞、华为、烯旺新材料科技股份有限公司、东旭光电、小米/三星等电池商/手机商、汽车商、电缆商等	对应石墨烯产业链下游，为石墨烯电池、眼罩、医疗仪器、节能照明、防腐涂料等终端产品商，为网络中加权度最高的一类节点之一
辅助层	研发创新种群	科研院所/高校	清华大学、中科院宁波材料所、江南石墨烯研究院、哈尔滨工业大学、四川大学、中科院苏州纳米所、北京大学、上海交通大学	为石墨烯生产商、应用商等石墨烯相关企业提供科学研究和技术支持，也是重要的人才来源
	创新支持种群	孵化器/创新平台/新型研发机构	北京石墨烯研究院有限公司、重庆石墨烯研究院有限公司、江南石墨烯研究院	在孵化服务企业、促进科技成果转化、提供人才资本上起到有效作用
		投资机构	清源投资、中金公司、中信证券、力合天使、紫荆汇富、易方达资产管理	投资公司为石墨烯产业提供了资金支持，对石墨烯原材料来源、制备、中间产品开发和应用企业均有所涉猎
	创新决策种群	政府	七台河市人民政府、泰州市人民政府	产业政策制定，与样本一起在建立石墨烯产业联盟、石墨烯标准、石墨烯产业园等方面推动石墨烯产业创新网络的发展
	社会参与种群	其他、社会公众、医院	社会公众、北京301医院、第三军医大重庆西南医院	既是技术合作者，也是产品应用者
环境层			创新政策、创新资源、创新文化、创新市场	

二、石墨烯产业创新生态系统互动关系

进一步分析各创新主体及创新种群之间的互动关系，如图 4-23 所示。石墨烯产业创新生态系统之间的互动关系可以概括为产业运营种群内部企业之间的互动，产业运营种群与创新决策种群、社会参与种群、研发创新种群、创新支持种群之间的互动，以及核心层、辅助层与环境层之间的互动。

在产业运营种群中，样本企业虽数量少，但作为整个网络的枢纽，大量其他类型企业围绕其开展业务和创新活动。在纵向产业链上，石墨烯原料提供商、生产商、中间产品开发者和下游应用企业通过物质流、资金流、信息流建立紧密的分工协作关系，通过技术供给、市场需求、市场竞争和政府支持等促进企业的创新，实现产业链创新效率的提升；横向产业链通过资源互补建立起共生竞合关系，且互补企业和竞争企业在不同情况下可以相互转化，这些良好的合作和适度的竞争有效促进了企业创新。另外，石墨烯企业之间密集的人力资本流动、核心企业投资和技术流动是石墨烯产业发展的重要推动力。从技术流来看，石墨烯生产商是重要的技术输入主体，非样本企业是主要的技术需求主体，石墨烯应用企业、中间产品开发者、石墨烯原料及设备供应商既存在技术输出，也存在技术输入。

从产业运营种群与创新决策种群、社会参与种群、研发创新种群、创新支持种群之间的互动关系来看，第一，清华大学、江南石墨烯研究院、北京大学、上海交通大学等国内知名高校、科研院所、新型研发机构的人员流动构成了石墨烯产业核心人力资本以及技术来源；第二，创新支持种群中投资机构是石墨烯产业重要的资金来源，通过对石墨烯原材料来源、制备、中间产品开发和应用企业进行投资，为石墨烯技术研发和产业发展提供了资金支持；第三，创新支持种群中的孵化器/创新平台/新型研发机构为产业运营种群提供技术支持和科技成果转化，科技中介机构则提供多元化的创新服务与信息，成为培育小微创新企业的优质"土壤"；第四，

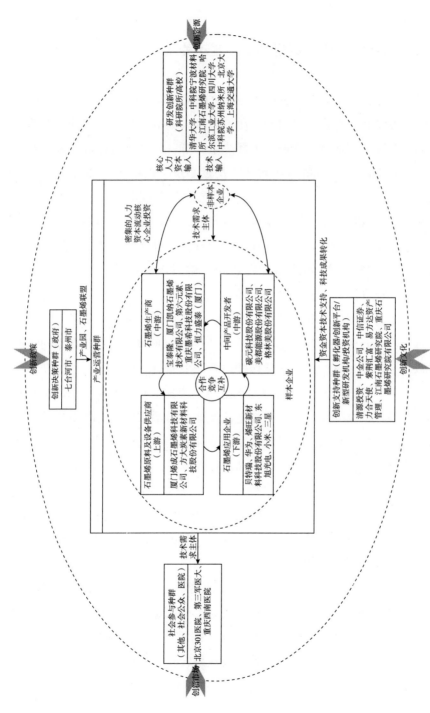

图4-23 石墨烯产业创新生态系统各主体构成及互动过程

社会公众、医院则是系统中的技术需求主体，即创新系统内创新成果的最终应用者和需求反馈者，也可能是技术合作者；第五，以政府为核心主体的创新决策种群，通过政策引导（规划、财政/金融/税收政策、法律法规、建立产业园/石墨烯联盟）、财政支持和服务等方式，为石墨烯产业发展提供有力的保障和支持。

从各创新主体与创新环境的互动来看，政府是各种创新政策的制定者，企业、高校、政府、科研机构和服务机构提供技术、知识、人才和资金等资源，从而构成了创新资源环境，创新主体在政府的引导作用下形成了有序的创新市场环境，公平的市场竞争秩序反过来能够维持生态系统中各主体活动的有序进行，良好创新文化也需要政府等创新主体来共同营造。

第五节　本章小结

颠覆性技术形成产业的创新生态系统可以看作一个新的由多元创新主体构成的具有参差交错复杂结构关系的动态的、开放的复杂网络的形成和演化。价值网络分析方法能够抽象出系统内部各个主体间的复杂联系，是研究创新生态系统的适用方法。因此，本章采用价值网络方法构建了两个复杂网络，分别为基于技术关系、投融资关系和人力资本关系构建的石墨烯产业创新生态系统的整体复杂网络，以及基于技术关系构建的复杂网络。通过对两个复杂网络的基本形态、内在结构、互动关系和结构指标进行分析，抽象出石墨烯产业创新生态系统的构成和互动关系。结论如下：

石墨烯产业价值网络属于典型的"小世界"网络，样本节点和部分关系节点在网络中起着主要的"结构洞"作用，即"信息/资源优势"和"控制优势"；样本企业同样是连接重要节点的主体，部分高校、科研院所和新型研发机构类的关系节点也连接了重要节点。

从人力资本来看，首先，清华大学、江南石墨烯研究院、北京大学、上海交通大学等国内知名高校、科研院所、新型研发机构的人员流动构成了石墨烯产业核心人力资本的来源；其次，贝特瑞、深瑞墨烯科技有限公司、常州中超石墨烯电力科技有限公司、京东方等企业之间存在较为频繁的人力资本流动，推动石墨烯产业运行与发展；最后，从核心人力资本前期学习经验来看，清华大学、北京大学、西安交通大学、中科院物理所等国内高校和科研院所，美国康涅狄格大学、Aixtron 公司、日本产业技术研究所等国外大学、科研院所、企业也对石墨烯产业的人力资本输入发挥着重要作用。

从投融资关系来看，清源投资、中金公司、中信证券、力合天使、紫荆汇富、易方达资产管理等投资公司为石墨烯产业提供了主要资金支持；石墨烯企业之间的互相投资也是石墨烯产业发展的重要推动力；石墨烯用于锂离子电池、石墨烯粉体规模化生产、石墨烯透明导电薄膜生产及应用是资本市场看中的重点方向。

从技术关系来看，样本企业是石墨烯产业创新生态系统复杂网络中的核心主体，其中石墨烯生产商、石墨烯应用企业为核心中的核心；石墨烯产业创新生态系统复杂网络呈现"小世界"和"无标度"两个特征，说明核心节点对网络形成和运行起着重要作用；石墨烯产业创新生态系统复杂网络主要源自样本节点和关系节点间的技术互动，以及样本节点自身的互动。整体上，样本节点是主要技术赋能主体，关系节点是重要的技术输入主体，但是样本节点中的石墨烯生产商、石墨烯应用企业、中间产品开发者也是重要技术输入主体（需求主体），关系节点中高校和科研院所、非样本企业也是重要技术输出主体（供给主体）。

本书认为，石墨烯产业创新生态系统各创新主体可按其地位和功能作用分为三个层次、五个种群、九个类型，它们之间的互动关系可以概括为产业运营种群内部企业之间的互动，产业运营种群与创新决策种群、社会参与种群、研发创新种群、创新支持种群之间的互动，以及核心层、辅助层与环境层之间的互动。

石墨烯产业创新生态系统的演化研究

　　系统中内外部动力要素之间的相互关系和作用随着时间的推移，导致系统结构和功能发生变化，这个过程就是颠覆性技术形成产业的创新生态系统的演化。从更大的时间尺度出发，合作网络关系由于陆续涌现的新兴技术在领域内呈现出极为明显的周期性特征，即建立、演化、瓦解、重组；反映在复杂网络上则是从建立到瓦解，再由瓦解到建立，最后再瓦解的循环过程[179]。由于石墨烯产业创新生态系统的复杂网络还处于形成和演化的初期阶段，并未完全走完一个周期，因此，本书关注的复杂网络的演化为自建立到当前，以及未来中短期的趋势这一阶段。第四章的价值网络分析为本章奠定了很好的研究基础，本章在此基础上，首先基于技术关系构建截至 2014 年、2017 年和 2021 年的石墨烯产业创新生态系统的复杂网络，从各阶段网络的拓扑结构和结构特征、创新主体构成及合作关系、"小世界性"和"无标度性"、研发关系和生产关系的分析，对石墨烯产业创新生态系统的演化过程和演化机理进行了分析，接着采用系统动力学方法，根据以上价值网络分析，进一步对石墨烯产业创新生态系统的发展和扩张趋势进行了分析。值得注意的是，虽然价值网络分析方法能够抽象出系统内部各个主体间的复杂联系，是研究创新生态系统的适用方法，但是创新生态系统过于复杂，该方法也具有一定的局限性，例如难以全面反映企业家精神和文化、创新收益等内部动力要素，对演化的机制分析也需结合对石墨烯产业现实发展的分析。

第一节　基于价值网络分析的石墨烯产业
创新生态系统演化研究

一、复杂网络的结构演化

（一）拓扑结构与结构特征

依据石墨烯产业创新生态系统技术关系的数量变化趋势，同时为了更好地与后续石墨烯产业政策时间序列分析相匹配，以 2014 年、2017 年和 2021年作为时间节点，采用 Gephi 对 2011~2021 年石墨烯产业技术关系数据以及复杂网络结构演化进行定量分析，结果如图 5-1 至图 5-3 以及表 5-1 所示。同样，节点的直径和企业名称标签大小可以反映加权度大小，分别得到截至 2014 年（见图 5-1）、2017 年（见图 5-2）和 2021 年（见图 5-3）的石墨烯产业创新生态系统的复杂网络结构模型。

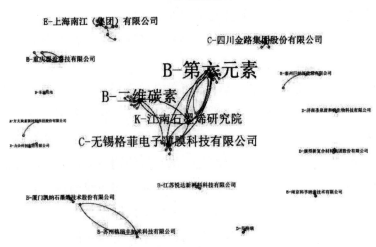

图 5-1　截至 2014 年的石墨烯产业创新生态系统的复杂网络结构模型

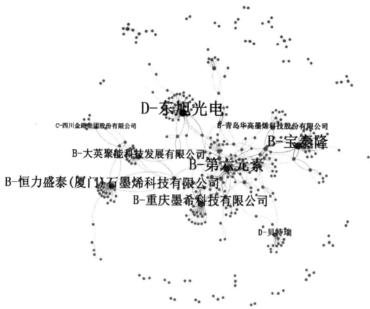

图 5-2　截至 2017 年的石墨烯产业创新生态系统的复杂网络结构模型

图 5-3　截至 2021 年的石墨烯产业创新生态系统的复杂网络结构模型

结合各阶段石墨烯产业创新网络中主要节点的加权度排名（图）、结构指标（表）统计数据（见表5-1），总体上来看，截至2014年、2017年和2021年，石墨烯产业创新生态系统的节点数、边数、网络直径、平均加权度等网络指标的数值明显增加，说明石墨烯产业创新生态系统创新主体、合作关系不断增加，网络规模不断扩大。网络密度的降低是由节点数量的增加所致，不同规模的网络密度无法直接比较，一般规模更大的网络密度更小。平均聚类系数增加说明节点之间连接概率增加，说明随着时间的推移，整个网络的连接度实际上呈现出逐步增高的趋势，构建的网络渐趋优化。网络中连接越多，越有利于促进企业从合作伙伴处获得知识和信息，加速创新资源的流动，同时更紧密的合作关系也能够促使外部的集体服务来降低风险，例如能够促进风险投资主体投资时间点前移，弥补颠覆性创新早期的资金缺位[71]。

表5-1　各阶段石墨烯产业创新生态系统的复杂网络的结构指标及对比

		节点数	边数	网络密度	网络直径	网络密度	平均路径长度	平均聚类系数
石墨烯产业创新生态系统的复杂网络	截至2014年	75	103	0.019	4	0.019	2.358	0.018
	截至2017年	377	639	0.005	12	0.005	5.323	0.018
	截至2021年	631	1183	0.003	15	0.003	5.087	0.023

（二）创新主体构成及合作关系

进一步分析三个阶段创新主体构成和合作关系的变化，每个阶段均有大量新的主体加入创新网络，有大量新的合作关系形成，石墨烯产业创新网络处于活跃期，如图5-4、图5-5和图5-6所示：①2011~2014年，少数创新主体如第六元素、二维碳素、无锡格菲电子薄膜科技有限公司及江南石墨烯研究院之间率先建立技术合作关系，初步形成合作网络；大多数石墨烯企业，如上海南江（集团）有限公司、四川金路集团股份有限公司、重庆墨希科技有限公司、厦门凯纳石墨烯技术股份有限公司呈散点状分布，正处于开始与其他企业或机构建立联系的过程中，创新主体间连接程度还较低。②2015～2017 年，样本节点和关系节点数量快速扩张（数量是 2014 年的 3 倍），尤其是东旭光电、第六元素、宝泰隆、大英聚能科技发展有限公司、恒力盛泰（厦门）石墨烯科技有限公司发展非常迅速，与其他节点合作频繁，逐步跻身为石墨烯创新网络的核心节点，整个石墨烯产业初步形成较为复杂的网络。③2018～2021 年，网络进一步扩张，关系节点数量增幅较大，一方面，东旭光电、宝泰隆、第六元素、重庆墨希科技有限公司等核心企业不断有新的合作关系出现，进一步发展成为具有中心枢纽作用的核心企业；另一方面，烯旺新材料科技股份有限公司、北京石墨烯研究院有限公司、江南石墨烯研究院、华为等机构的合作关系数量多，逐步发展为新进核心企业。此外，更多新的创新主体进入该产业创新生态系统，呈散点状围绕在核心网络周边，成为网络进一步扩张的基础。

（三）小世界性和无标度性

小世界性往往是网络演化过程的必然结果。由于创新个体在网络的演化初期选择合作者时，往往倾向于熟悉的个体，因此会形成多个独立的创新集群。随后在强化集群内部合作的同时，个体间相似行为导致部分个体到集群外寻找有用的信息，合作网络的小世界性凸显。相对较大的集聚系数和较短的平均距离是小世界的显著特征[164]。因此，由图 5-4、图 5-5、图 5-6 和表 5-1 可以判断，石墨烯产业创新生态系统是典型的小世界网络。通过对比规则网络和随机网络，可进一步分析三个阶段的小世界网络特性。规则网络中创新个体完全受到距离因素限制，因此仅与距离最近或关系最近的个体联系，随机网络中创新个体之间的联系完全是随机的，不受距离等因素限制。小世界网络是介于规则网络与随机网络之间的一种网络，创新个体之间的联系在很大程度上受到距离等因素限制，但又具有一定的随机性[179]。通过随机网络和规则网络的对比发现，这两种网络的差

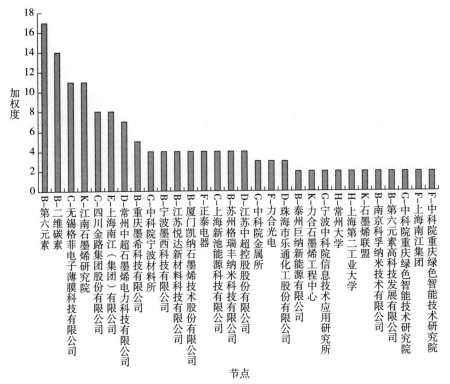

图 5-4　截至 2014 年石墨烯产业创新生态系统的复杂网络中加权度排名前 30 的节点

异和性质能够很好地被平均距离和集聚系数所反映[164]。平均距离长和集聚系数大是规则网络的普遍特征，随机网络与之相反。2011~2021 年，网络集聚系数增加，平均路径长度增加后略微降低，说明石墨烯产业形成的复杂网络（小世界网络）呈现出从随机网络向规则网络方向发展的趋势，可能出现的倒"U"型趋势也显示网络连通性增强、可达性提高[180]。

　　统计三个阶段的加权度分布情况，如图 5-7、图 5-8 和图 5-9 所示，石墨烯产业创新生态系统的复杂网络从 2014 年的"无规律"到 2021 年逐步呈现出明显的"幂率"分布特征，说明从 2011 年到 2021 年，网络"幂率"特征越发明显，说明枢纽节点的形成和出现，呈现出"极化"特征。枢纽节点标志着真实网络中蕴含着一种比随机性更深层次的组织原则，即

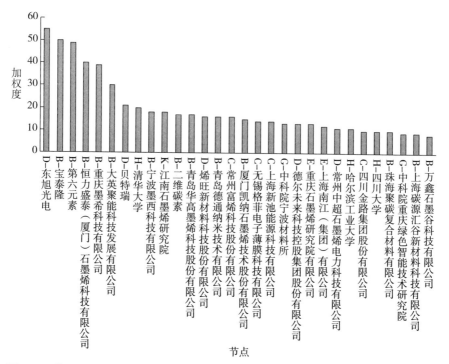

图 5-5　截至 2017 年石墨烯产业创新生态系统的复杂网络中加权度排名前 30 的节点

无标度性质，表明网络结构是非均衡的，网络中少部分节点拥有大量高强度连接，这说明整个网络的演化是围绕少数核心节点来进行的。因此可以说，一旦枢纽节点出现，将改变我们遍历网络的方式。这说明随着时间的推移，石墨烯产业创新生态系统的复杂网络中核心企业开始出现并增加，这些企业在整个网络中具有较高的地位和声誉，在网络的中心位置，除了能为企业提供更多的信息和资源，还能够降低交易成本以及信息和资源的搜索和获得成本，进而促进企业进行颠覆性创新；同时，从上文三个阶段创新主体构成和合作关系的变化分析可知，除了核心企业，网络中也不断出现新的初创企业，这也部分得益于松散化、网络化的组织形式[72]，将有助于探索不同的路线，从而整体上降低颠覆性技术形成产业的不确定性。

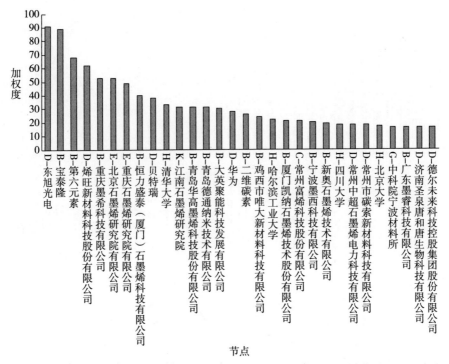

图 5-6　截至 2021 年石墨烯产业创新生态系统的复杂网络中加权度排名前 30 的节点

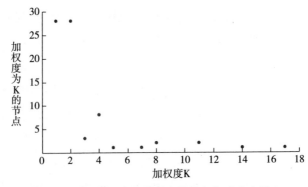

图 5-7　截至 2014 年的复杂网络加权度分布情况

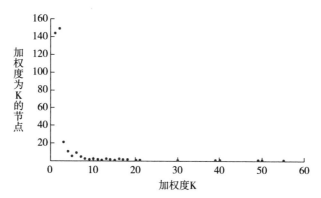

图5-8 截至2017年的复杂网络加权度分布情况

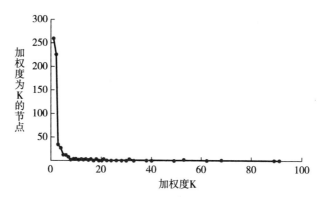

图5-9 截至2021年的复杂网络加权度分布情况

（四）研发网络和生产网络

正处于应用主导阶段，即将迈入市场主导阶段的石墨烯产业，经历了技术到应用的转变，正在由应用转向市场，这个阶段对应的创新生态系统演化机制也有其阶段性特点，在复杂网络中体现为研发网络向生产网络的转变。因此，进一步对网络的研发关系和生产关系进行分析。本书认为，样本节点与高校和科研院所之间的合作属于研发合作，样本节点与非样本企业、政府、医院等其他机构的合作属于生产合作，对各阶段与研发相关和与生产相关的关系数统计分析结果如表5-2所示。

表 5-2　与研发和生产相关关系数对比

		样本节点	关系节点	关系数	与研发相关 关系数	与生产相关 关系数
石墨烯产业 创新网络	截至 2014 年的 网络	28	47	103	4（G）+7（H）= 11	92
	截至 2017 年的 网络	84	293	639	38（G）+66（H）= 104	535
	截至 2021 年的 网络	105	526	1183	60（G）+136（H）= 199	984

　　研究发现，与生产相关的关系数随时间推移，增长率明显高于与研发相关的关系数；从数量增加幅度来看，生产网络在节点数量上的扩张趋势非常明显，这说明该类节点逐步占据石墨烯产业创新生态系统复杂网络的主导地位。这些结果表明，生产网络的扩张速率高于研发网络的扩张速率。因此本书认为，生产网络和研发网络的发展和内在协同机理塑造了石墨烯产业创新生态系统此阶段的外在的演进路径。颠覆性技术创新是一个不断发展的过程，具有阶段性特征，会经历技术积累、发展商业理念、寻找市场机会、规模化生产等不同阶段[181]。因此，从完整周期来看，颠覆性技术形成产业首先应是研发网络的丰富，研发网络构筑是石墨烯产业创新生态系统形成的关键。在技术进步到一定程度时，到达技术示范节点，由此开启颠覆性技术产业化，进入生产网络丰富时期，在此阶段，研发网络与生产网络虽然协同发展，但是生产网络发展速度更快，从现象上表现为研发网络向生产网络的转化；随着颠覆性技术产业化进程的推进，用户会参与到颠覆性技术产业化的进程中，构成用户网络，其产生的数据将成为研发网络和生产网络协同发展的重要基础。本书的创新网络因为是基于企业的关系数据所构建，从颠覆性技术形成产业的阶段来看已形成技术示范，因而没有研发网络丰富期阶段现象的出现（如要完整观察到这一现象，可将网络拓展至采用专利数据进行构建），而直接进入研发网络和生产网络协同发展的阶段。因此，在此阶段，政府引导、多渠道和全方位的

资金投入和保障机制促进石墨烯产业创新生态系统逐步完善，推动高校及科研院所的基础性研究向商业化应用转化，生产网络的拓展逐渐成为主导，因而出现生产网络发展速度快于研发网络的现象。这一现象的出现也间接说明石墨烯产业创新生态系统中研发网络和生产网络之间存在一定的"不对称张力"，该张力有助于双网之间为实现彼此对称而不断升级，从而促进创新生态系统的发展。

进一步分阶段按照样本企业、高校/科研院所、非样本企业/政府/医院/其他三类计算统计三类节点数占比、加权度占比、介数中心度和特征向量中心度，如表5-3所示。从加权度占比来看，三类节点在不同时期加权度占比较为恒定，样本企业始终是重要节点。从介数中心度和特征向量中心度来看，随着网络的扩张和演化，网络中节点的枢纽作用以及重要性越发体现。值得注意的是，从节点数量来看，2014~2021年，样本节点数量占比呈现逐步减少的趋势（从37.33%减少到16.64%），非样本企业/政府/医院/其他等节点数量占比呈现逐步增加的趋势（从44%增加到60.06%），高校/科研院所两类节点数量占比则在20%左右浮动。这说明样本企业数量增速缓于非样本企业/政府/医院/其他等主体数量，非样本企业或需求主体处于快速增加的阶段，石墨烯产业在应用场景和需求企业上拓展态势良好。

表5-3　各阶段三类节点结构特征指标对比

年份	类型	节点数占比（%）	加权度占比（%）	介数中心度	特征向量中心度
2014	样本企业	37.33	58.25	386.42	4.01
	高校/科研院所	18.67	13.11	4.00	0.79
	非样本企业/政府/医院/其他	44.00	28.64	125.58	4.42
2017	样本企业	22.28	54.93	125196.57	9.72
	高校/科研院所	23.08	18.78	58747.18	5.62
	非样本企业/政府/医院/其他	54.64	26.29	6863.25	13.07
2021	样本企业	16.64	55.16	422756.00	9.30
	高校/科研院所	23.30	18.68	157629.21	5.89
	非样本企业/政府/医院/其他	60.06	26.16	45757.79	13.27

二、石墨烯产业创新生态系统的演化过程

石墨烯产业创新生态系统的演进与石墨烯产业发展紧密相关。石墨烯产业经历技术主导阶段，正处于应用主导阶段，即将迈入市场主导阶段；对应石墨烯产业创新生态系统则经历孕育期，正处于萌芽期，即将迈入成长期。结合上文产业发展历程和价值网络分析，进一步对各阶段石墨烯产业创新生态系统创新主体数量、相互联系和资源流动状态进行分析，如表5-4所示。

表5-4　石墨烯产业及其创新生态系统的演化过程

	2006~2010 年	2011~2014 年	2015~2017 年	2018~2021 年
产业发展阶段	技术主导阶段	应用主导阶段		
产业发展特点	石墨烯制备和市场均在实验室，消费者是研究人员，主要活动是石墨烯技术基础研究、研发以及技术应用	随着石墨烯制备技术的提高，石墨烯制备逐渐由科研院所实验室走向工厂的项目实验室/中试工厂并逐步实现量产	部分企业突破"中试"阶段，产品通过用户测试和认定，生产线完成，在手机、锂离子电池等领域应用	石墨烯防腐涂料和纺织品开始商业化，石墨烯导热薄膜被苹果、华为、小米用于手机，石墨烯电池已实现量产
产业创新生态系统发展阶段	孕育期	萌芽期		

续表

	2006~2010 年	2011~2014 年	2015~2017 年	2018~2021 年
复杂网络特点	几乎无技术合作关系、网络尚未形成	第六元素、二维碳素、北京碳世纪、宁波墨西、苏州格瑞丰等相继成立，少数创新主体之间初步形成合作网络，多数公司仍呈散点状分布，创新主体间连接程度还较低	样本节点和关系节点数量快速扩张（数量是 2014 年的 3 倍），尤其是东旭光电、第六元素、宝泰隆、大英聚能科技发展有限公司、恒力盛泰（厦门）石墨烯科技有限公司发展非常迅速，与其他节点合作频繁，逐步跻身为石墨烯创新网络的核心节点，初步形成复杂网络	网络进一步扩张，关系节点数量增幅较大。一方面，东旭光电、宝泰隆、第六元素、重庆墨希科技等核心企业不断有新的合作关系出现，进一步发展成为具有中心枢纽作用的核心企业；另一方面，烯旺新材料科技股份有限公司、北京石墨烯研究院有限公司、江南石墨烯研究院、华为等机构的合作关系数量多，逐步发展为新进核心企业。此外，更多新的创新主体进入该产业创新生态系统，呈散点状围绕在核心网络周边，成为网络进一步扩张的"凝结核"
		整体上来看，开始逐步形成最初的网络，网络不断扩大并渐趋优化，逐步出现无标度网络的典型特征。属于小世界网络，结构上相较于随机网络，具有较大的聚集系数和较短的平均路径长度。创新资源配置的效率以及知识、信息传播速率明显高于随机网络，但从发展角度和整体来看，网络结构特征表现为网络密度小、稳定性弱，仍然是局部和松散的		
石墨烯产业创新生态系统特点	少数创新主体企业、科研院所、高校率先开展新技术研发，大多属于内部自主创新，创新主体间基本没有协同	企业逐步出现并加速扩张，且逐步加强合作，政府也会鼓励创新主体间建立联系和合作，给予政策支持，初步形成石墨烯产业创新生态系统。核心企业出现，但整体来看企业相对无序，创新主体之间的联系较为松散，无集群优势，集群之间相互联系少，市场还不稳定		

（一）孕育期：2011 年以前

该阶段虽然少数创新主体企业、科研院所、高校率先开展新技术研发，但是由于产业发展历程还处于科学和技术主导阶段，技术的经济价值和市场价值不确定性明显，风险巨大，石墨烯制备和市场均在实验室，消费者是研究人员，因此大多属于内部自主创新，创新主体间基本没有协同，几乎没有技术、投融资等合作出现。

（二）萌芽期：2011 年及以后

2011 年及以后，石墨烯创新生态系统处于萌芽期，可以细分为 2011~2014 年、2015~2017 年和 2018~2021 年三个阶段，对应的产业发展历程和价值网络分析如表 5-4 所示。

对应于这一时期的石墨烯产业创新生态系统，第六元素、二维碳素、无锡格菲电子薄膜科技有限公司及江南石墨烯研究院等少数创新主体率先开展新技术研发，初步形成合作网络，但大多数石墨烯企业呈散点状分布，创新主体间连接程度还较低；接着在政府的鼓励和支持下，创新主体数量快速扩张，逐步加强合作、加速集聚，核心企业出现并不断成长。其中，石墨烯原料提供商、生产商、中间产品开发者和下游应用企业构成纵向产业链，通过物质流、资金流、信息流建立紧密的分工协作关系，互补企业和竞争企业构成横向产业链，通过资源互补建立起共生竞合关系，它们共同形成了产业运营种群；产业运营种群之间以及与清华大学、江南石墨烯研究院、北京大学等高校、科研院所及新型研发机构逐步建立人力资本及技术合作关系，与清源投资、中金公司等投资机构建立投融资关系，与孵化器/创新平台/新型研发机构建立技术支持和科技成果转化合作关系，与社会公众、医院建立应用需求反馈关系。总之，在这个过程中，随着创新主体的集聚，创新资源也在集聚，逐步由产业链、创新链、资金链、服务链形成网络。

整体来看，石墨烯产业创新生态系统已初步形成，核心企业出现，但是企业相对无序，创新主体之间的联系较为松散，市场还不稳定。

三、石墨烯产业创新生态系统演化的机制分析

颠覆性技术形成产业的创新生态系统演化的机制包括形成机制、运行机制和演化机制。由于石墨烯产业创新生态系统尚处于萌芽期，演化机制尚未清晰体现，因此仅对石墨烯产业创新生态系统的形成机制和运行机制进行分析。

（一）石墨烯产业创新生态系统的形成机制

1. 形成了中小企业主导、政府引导、高校和科研机构衍生并存的创新主体集聚模式

中国石墨烯产业的启动者或主导者是创新型中小企业。在颠覆性技术产业发展初期阶段，由于价值固化、利益固化以及技术、管理体系冲突，更富有创新精神的往往不是现有技术的主导者，而是新企业或行业新的进入者。例如，在微型计算机的研发和生产上，率先进行产品研发和生产的不是在大型计算机领域拥有技术优势的 IBM，而是当时名不见经传的苹果公司；数码相机也是如此，柯达发明了数码相机，却被数码相机颠覆。中国石墨烯产业发展也是这样，以第六元素、宝泰隆、贝特瑞、烯旺新材料科技股份有限公司、华为、东旭光电、北京石墨烯研究院有限公司、厦门凯纳石墨烯技术股份有限公司等为代表的石墨烯企业多为中小微企业和初创企业，而以石墨烯为主营业务的大企业或龙头企业少之又少。因此，我国石墨烯产业的启动者或主导者是创新型中小企业。

政府引导和支持发挥重要作用。企业进行颠覆性创新面临极大的不确定性，当前石墨烯产业创新生态系统中存在大量的中小型企业，如东旭光电、宝泰隆，虽然这些企业在网络中起到一定的枢纽作用并集聚了大量其他企业，但整体上还呈现松散的状态。达到这种状态，政府引导和支持发挥了重要作用，并且还将继续发挥作用。这种作用体现在：政府通过建立

产业园和产业基金、颁布政策，引导石墨烯企业成立和发展，吸引高校、科研机构、科技中介机构和金融机构参与到企业的创新活动中，为其提供知识、技术和人才的输入，提供中介、配套服务。

高校、科研机构及其衍生创新主体也促进和吸引了创新主体集聚。作为科学突破型的重大颠覆性技术，石墨烯产业创新主体的集聚离不开高校和科研院所，它们是人才和新技术的源头。高校和科研院所通过建立大学科技园、研究中心、孵化器等支持大学生创新创业、助力中小企业的发展，通过与企业建立联合培养中心、产学研战略联盟促进石墨烯相关创新成果的顺利转化，促进石墨烯企业和相关的创新主体聚集；此外，高校和科研院所附近还会出现衍生体，如重庆石墨烯研究院有限公司，对创新主体集聚也有重要作用。

因此，石墨烯产业创新生态系统形成了中小企业主导、政府引导、高校和科研机构衍生并存的创新主体集聚模式。

2. 创新主体集聚和相互作用促进石墨烯产业形态由"链式"转向"网状"

在创新主体集聚过程中，创新主体聚集形式逐步由"点状"向"链状""网状"过渡。石墨烯原料及设备供应商、石墨烯生产商、中间产品开发者、石墨烯应用企业等上下游企业间形成了纵向产业链，每类企业与互补、竞争企业又形成了横向的产业链；企业、高校、科研机构形成了产学研创新链，在此基础上，政府、风投机构、创新平台和科技服务中介机构进入，又形成了资金链和服务链。随着创新主体的进一步集聚和相互作用，各个稳定的链条之间又逐步共生耦合形成了"网状"结构，产业创新生态网络的雏形便形成了。

3. 创新资源集聚和流动驱动石墨烯产业创新生态系统的形成

颠覆性技术产业创新生态系统的形成和发展也需要物质、能量和信息的流动作为前提条件，本章主要考察了石墨烯产业创新生态系统中人力、财力和技术等资源的集聚和流动，呈现如下几个特点：

第一，人力资本来源多元化。首先，从核心人力资本前期工作经验来看，清华大学、江南石墨烯研究院、北京大学、上海交通大学等国内知名高校、科研院所、新型研发机构的人员流动构成了石墨烯产业核心人力资本的来源；其次，贝特瑞、深瑞墨烯科技有限公司、常州中超石墨烯电力科技有限公司、京东方等企业之间存在较为密集的人力资本流动，推动石墨烯产业的形成、运行与扩散；最后，从核心人力资本前期学习经验来看，清华大学、北京大学、西安交通大学、中科院物理所等国内高校和科研院所，美国康涅狄格大学、Aixtron 公司、日本产业技术研究所等国外大学、科研院所、企业也对石墨烯产业的人力输入发挥着重要作用。

第二，资金资本主要从投资机构和石墨烯核心企业流入。从投融资来看，核心投资主体包括清源投资、中金公司、中信证券、力合天使、紫荆汇富、易方达资产管理等投资公司，这些投资机构通过对石墨烯原材料来源、制备、中间产品开发和应用企业进行投资，为石墨烯产业的发展提供了资金支持。另外，石墨烯企业之间的互相投资也是石墨烯产业发展的重要推动力，例如深圳石墨烯创新有限公司、山东创联石墨烯创新中心有限公司、江苏江南烯元石墨烯科技有限公司、常州中超石墨烯电力科技有限公司、无锡格菲电子薄膜科技有限公司等获得烯旺新材料科技股份有限公司、深圳市本征方程石墨烯技术股份有限公司、贝特瑞、常州中超石墨烯电力科技有限公司、常州市碳索新材料科技有限公司、第六元素、重庆墨希科技有限公司、宁波墨西科技有限公司等具有投资能力的石墨烯核心企业投资，促进了创新主体的集聚和资本流动。

第三，主要技术输入来自石墨烯生产商、高校/科研院所、孵化器/创新平台/新型研发机构。价值网络分析结果显示，石墨烯产业创新生态系统的技术主要由石墨烯生产商、高校/科研院所、孵化器/创新平台/新型研发机构输入，非样本企业、政府、医院等机构是主要的技术需求主体，而石墨烯应用企业、中间产品开发者、石墨烯原料及设备供应商既存在技术输出，也存在技术输入。这说明高校/科研院所为石墨烯企业提供基础性、通用性的知识和基础研究、应用开发的能力，孵化器/创新平台/新型研发机构提供技术咨询，促进技术的转移转化，而样本企业内技术合作较为频繁一方面是由于产业链横向、纵向频繁的竞争、合作与交易关系，另一方面是由于石墨烯正处于产业化初期阶段，样本企业在产业链上的定位还未完全明晰，正处于合作探索阶段。例如，企业为了寻求"爆款"产品，突破产业技术瓶颈，采取的主要方式是有技术储备的小企业与愿意涉足石墨烯领域的大企业合作，企业与高校和科研院所联合研发。

总之，石墨烯产业创新生态系统内部的技术、人力、资金等创新资源在系统内外的集聚和流动都是创新主体之间和与创新环境之间互动关系的载体，通过创新资源的集聚和流动，整个石墨烯产业创新生态系统的创新能力得到提升，促进石墨烯产业形态由"链式"转向"网状"。当然，无论是人力、资金还是技术等资源的流动，都不仅仅在石墨烯产业创新生态系统内部，整个石墨烯产业创新生态系统对外部环境和各创新主体均是开放的，创新资源也会与系统外进行交互，存在创新资源的流入和流出。

(二) 石墨烯产业创新生态系统的运行机制

1. 运行机制

颠覆性技术形成产业的创新生态系统的动力机制由内部动力和外部动力构成，基于前文价值网络分析，本书对石墨烯产业创新生态系统动力机制的分析主要考察外部动力，暂不对企业文化、企业家精神、创新收益等微观内部动力进行深入分析，因此技术推动、市场需求、市场竞争、政府支持是推动石墨烯产业创新生态系统演化的重要动力。

首先，科学技术进步是石墨烯产业创新生态系统演化的根本动力之一。在市场竞争压力、创新收益驱动下，创新主体会主动或被动开展科学技术研究，且大学、科研院所、企业和创新中介组织之间会形成互动和合作，石墨烯产业创新生态系统中技术的拉动作用具体体现在以下四个方面：一是以清华大学、哈尔滨工业大学、中科院宁波材料所、北京大学、四川大学为代表的大学和科研机构主要以关键技术合作研发或产学研合作等方式为样本企业提供石墨烯制备、石墨烯导热膜、石墨烯薄膜、石墨烯电池、超级电容器、石墨烯复合材料、石墨烯防腐涂料、石墨烯透明键盘等方面的技术支持；二是以江南石墨烯研究院、中国石墨烯产业技术创新战略联盟、北京石墨烯研究院有限公司为代表的孵化器/创新平台/新型研发机构提供技术应用研发和技术转移转化能力；三是样本企业之间也存在着密切的技术赋能，例如，以宁波墨西科技有限公司、厦门凯纳石墨烯技术股份有限公司、第六元素为代表的石墨烯生产商为各领域石墨烯应用商在技术、原材料方面提供支持，以烯旺新材料科技股份有限公司、贝特瑞为代表的石墨烯应用企业为其他样本企业提供技术支持最多；四是以三星为代表的非样本企业，它们在石墨烯电池、硅片生产等主攻行业范围内开展了相关合作和技术研发，也为技术应用和产业化提供支持。

其次，市场需求是推动系统在不断适应市场变化过程中演化的基本动力。一方面，当市场需求随着经济社会的变化量积累到一定水平时，将为创新主体提供新的市场机会并驱动企业以此为导向开展技术创新活动；另一方面，企业在市场需求带来的逆向竞争压力下，也有进行技术创新活动的动力，从而从正反两方面激发创新活动。在石墨烯产业创新生态系统中，华为、三星、广汽、比亚迪等手机商、电池商、汽车商等下游应用商或医院等用户围绕产品就有进行石墨烯技术创新研发的需求。此外，这种市场需求会传导到其他主体，市场需求能够促进主体之间的创新合作，是调节市场行为的基本动力，各类创新主体都会适应创新需求，并在系统中找到自身所在的位置。例如，江南石墨烯研究院、清华大学、哈尔滨工业大学、四川大学、北京大学、中科院宁波材料所等科研院所/高校以及孵化器/创新平台/新型研发机构与样本企业之间存在大量技术合作产生的需求，石墨烯产品生产商、开发商也存在合作需求。从现实来看，当前电池、超级电容器等储能领域显示出对石墨烯最为紧迫的需求。

最后，石墨烯企业面临市场竞争带来的压力和动力。系统内处于同一层级的主体尤其是企业由于产品相似性往往需要通过节约生产成本、提高产品质量和产品差异化来获得竞争优势；而上下游企业或其他层级的创新主体则面临创新滞后、位置被系统内更有竞争力的创新主体取代的压力；一旦某一企业或主体率先实现技术创新，通过知识溢出或其他途径将实现整个系统创新水平的提升和向更高层级进行演化。以石墨烯近几年的价格变化为例，各个企业不断在市场竞争的压力下降低石墨烯制备成本：在2013年，一个微米左右大小的石墨烯片成本超过1000美元，这使石墨烯成为地球上最昂贵的材料之一。然而，截至2015年底，德勤估计每克石墨烯市场价格接近100美元。生产商NanoXplore甚至宣传可以量产成本为每克0.10美元的优质石墨烯。2017年，宁波墨西公司生产线的生产成本已经降至0.7元/克，降幅达99%以上。2018年7月，深圳市本征方程石墨烯技术股份有限公司宣称规模化生产的性能优异的石墨烯价格降至0.1元/克[182]。而石墨烯制备成本的降低将解决石墨烯生产成本高的行业难题，进一步推进石墨烯产业化。

2. 竞合机制

石墨烯产业创新生态系统中的竞争与合作也是多层面的。竞争关系包括石墨烯原料提供商之间争相提供石墨和生产设备的竞争、生产商之间争相向中间产品开发者或下游应用企业提供石墨烯薄膜/粉体等的竞争、下游应用商之间争夺用户的竞争，以及其他种群中同一生态位企业为获得竞争优势的竞争。当前，石墨烯产业创新生态系统中竞争较小，因此合作关系在现阶段对于石墨烯产业创新生态系统最为主要，包括以下几个方面：一是纵向产业链上石墨烯原料提供商、生产商、中间产品开发者和下游应用企业通过物质流、资金流、信息流建立紧密的分工协作关系；二是横向产业链通过企业资源互补或小企业依附建立起共生合作关系；三是石墨烯产业应用种群与政府、金融机构、中介机构、高校和科研院所等其他创新种群根据各自的优势及自身的生态位，通过种群之间的优势互补和资源利用也建立起合作关系。这种合作关系在价值网络分析中清晰可见，以石墨烯生产商第六元素为例，与其合作的主体既有宁波墨西科技有限公司、江南石墨烯研究院等石墨烯生产商，常州富烯科技股份有限公司、无锡格菲电子薄膜科技有限公司等石墨烯中间产品开发商，烯旺新材料科技股份有限公司、宁波杉杉股份有限公司、常州中超石墨烯电力科技有限公司、常州市碳索新材料科技有限公司、江苏中超控股股份有限公司、中海油常州涂料化工研究院有限公司、济南圣泉唐和唐生物科技有限公司等石墨烯应用企业，也有清华大学、四川大学、西安交通大学等高校、科研院所，国际石墨烯创新中心、江苏石墨烯技术创新联盟等、创新中心等，金茂资本、力合天使等金融机构，龙城英才创业投资引导基金。此外，在石墨烯产业创新生态系统中，创新主体间的竞争和合作关系不是一成不变的，而是在不同因素作用下相互转化的。

3. 扩散机制

石墨烯产业创新生态系统的扩散机制体现为以下四个方面：一是人才流动产生创新扩散。不仅清华大学、江南石墨烯研究院、北京大学、上海交通大学、美国康涅狄格大学、Aixtron 公司等国内外知名高校、科研院所、新型研发机构是石墨烯产业创新生态系统中人员流动的重要来源，而且贝特瑞、深瑞墨烯科技有限公司、常州中超石墨烯电力科技有限公司等企业之间存在较为密集的人力资本流动，它们通过就业、兼职、合作、交流或"跳槽"等有形和无形的方式将技术、知识、信息在系统内扩散。二是石墨烯生产商、高校/科研院所、孵化器/创新平台/新型研发机构等技术供给者和非样本企业、政府、医院等技术需求者之间互动，将促进创新扩散。三是石墨烯产业链上核心企业取得技术突破，以及与纵向上下游企业及横向互补企业、竞争企业之间的竞争与合作，均会促进技术、知识、信息的外溢，加快创新扩散速度。四是中国石墨烯产业技术创新战略联盟等科技中介机构，清源投资、中金公司、中信证券金融机构在产学研合作中提供信息、资金支持，通过在企业之间、企业与高校科研机构之间建立沟通桥梁或支持资金需求者进行投资、研发，加速创新扩散。

4. 保障机制

政府是石墨烯产业创新生态系统保障机制构建的主要供给者。政策对石墨烯产业创新生态系统各个阶段的作用将在本书第六章进行详细讨论；除了政策保障以外，在资金投入方面，国家和地方政府的科技经费、政府与地方资本合作的产业基金对石墨烯应用研发和产业发展起到重要推动作用。以江苏省为例，其成立了政府主导的新材料产业创业投资基金、格瑞石墨烯创投基金、常州市先进碳材料天使投资引导基金和风险补偿金，以及常州市武进区新兴产业发展基金等。此外，地方政府积极组建产业园，促进石墨烯产业在当地的集聚，截至 2020 年，我国已在常州、青岛、重庆、哈尔滨、北京、无锡等地建立 29 余家产业园；通过主导或引导产业联盟等组织的建立，助力石墨烯在标准战略、技术路线、国际合作和专利布局方面加速发展，已建立中国石墨烯产业技术创新联盟、中国国际石墨烯资源产业联盟以及江苏、山东、京津冀、福建、中关村石墨烯产业联盟，成员单位涵盖高校、科研院所、企业、政府、协会、金融投资机构等，通过这些举措能够实现基础设施保障和信息服务等保障。

综上所述，在市场竞争的压力和动力下，需求牵引和技术推动主体之间构成协同互补网络，其中高校/科研院所基于科学和技术优势，孵化器/创新平台/新型研发机构基于技术应用研发和技术转移转化优势，石墨烯产品生产商、中间产品开发商基于原材料、技术开发优势，下游应用商或医院等用户基于应用开发优势，政府基于政策资源优势引导创新资源和创新需求，各主体依托各自比较优势互补性合作，在竞合机制、扩散机制和保障机制的作用下，推动石墨烯产业创新生态系统不断演化。

第二节　基于系统动力学建模与仿真的石墨烯产业创新生态系统演化分析

由上文分析可知，石墨烯形成产业的创新生态系统无论是形成还是运行、演化过程均涉及多方面因素相互作用，极具复杂性、多样性和高度非线性。为了进一步分析其网络演化趋势，本章以技术关系构建的价值网络为基础，采用综合控制论、信息论和决策论等理论，并以计算机为工具分析研究信息反馈系统结构和行为的系统动力学方法，运用建模软件 Any-Logic8.5 建立石墨烯产业创新生态系统的复杂网络发展变化的因果关系图与系统动力学模型并进行仿真分析。

系统动力学（System Dynamic，SD）是由美国麻省理工学院的 Forrester[183]教授于 20 世纪 60 年代提出的一种对社会经济问题进行系统分析的方法论，是一种定性与定量相结合的分析方法，目的在于对信息论、决策论和控制论的成果进行归纳总结，并且辅以计算机手段，对信息反馈系统的行为和结构进行研究分析[184]。不仅电子、旅游信息等产业中可以应用系统动力学，而且创新网络、产业集群等方面也有涉及[134]。石墨烯产业创新生态系统涉及多主体及多因素相互作用，适合采用该方法进一步深入分析。

一、石墨烯产业创新生态系统的因果关系

本章主要基于节点间技术关系形成的石墨烯产业创新生态系统多主体互动的价值网络的结构特征来构建系统动力学模型。图 5-10 展示了基于节点间的技术关系形成的石墨烯产业创新生态系统的因果回路。

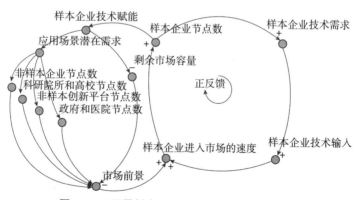

图 5-10　石墨烯产业创新生态系统的因果关系

其中，样本企业节点代表了石墨烯原料及设备供应商、石墨烯生产商、中间产品开发者、石墨烯应用企业和创新平台五类节点；非样本企业节点、科研院所和高校节点、政府和医院节点、非样本创新平台节点属于石墨烯样本企业的客户和需求主体，是技术的需求方。根据上文价值网络

分析，样本企业技术输入由其开发石墨烯市场的技术需求所决定，主要来源为科研机构、大学、非样本企业和非样本创新平台。本书假设：一是单位时间单个样本企业的技术需求量与技术供给主体的供给能力相对稳定，因此单位时间单个企业获得的技术输入量为常数值；二是由于技术和产业的进一步发展，市场前景更加明晰，新的样本企业会随着技术输入增加而不断进入。在此基础上，形成包括正反馈回路和调节型回路两个回路的因果关系图。

正反馈回路由样本企业、新进样本企业及样本企业技术输入构成。在正反馈回路中，首先，存在"样本企业节点数→样本企业技术需求→样本企业技术输入→样本企业进入市场的速度→样本企业节点数"的循环。当样本节点数增加时，由于单位时间单个企业的技术需求量和获得的技术输入量是相对稳定的，因此整体上样本企业技术需求和技术输入均得到增加，随着技术的交叉融合和技术创新能力进一步提升，成本不断降低，市场前景更加明晰，吸引潜在的样本企业进入系统，样本企业节点数增加。

其次，存在"样本企业节点数→样本企业技术赋能→应用场景潜在需求→非样本企业、科研院所和高校、非样本创新平台、政府和医院节点数→市场前景→样本企业进入市场速度增加→样本企业节点数"的循环。从图5-10左侧可以看到，当样本企业节点数增加时，样本企业的技术赋能能力也得到提高，技术进步能够创造出新的市场需求，会进一步增加作为客户和技术需求方的非样本企业、科研院所和高校、非样本创新平台、政府和医院等主体数量。此时，随着市场需求的增加，将会刺激更多的潜在样本企业进入系统内，样本企业节点数增加。

调节性回路也称为负反馈回路，如果将正反馈回路理解为"良性循环"（在其他系统里可能为恶性循环），那么调节性回路则可以理解为一些限制条件的出现或设定，从而使系统达到平衡状态。主要因果反馈回路如下：应用场景潜在需求→剩余市场容量→市场前景→非样本企业、科研院所和高校、非样本创新平台、政府和医院节点数→应用场景潜在需求。由于市场容量有限，样本企业节点数将导致剩余市场容量降低，加剧对客户或技术需求方的竞争，激烈的竞争将使潜在进入者对市场前景的判断转向消极，从而降低新样本企业进入系统的速度。

将上述系统耦合在一起，构建以上石墨烯产业创新生态系统的因果回路图。

二、系统动力学模型构建及参数设定

基于第四章的分析以及图 5-10 展示的石墨烯产业创新生态系统的系统动力学因果回路，采用 AnyLogic8.5 软件绘制石墨烯产业创新生态系统的系统动力学流图，并对模型中的变量、参数及方程进行详细说明。

图 5-11 所示为石墨烯原料及设备供应商、石墨烯生产商、中间产品开发者、石墨烯应用企业和创新平台五类样本节点和非样本企业节点、科研院所和高校节点、政府和医院节点、非样本创新平台节点之间的互动关系和逻辑。图中 S1~S9 为流量变量，正方形表示这些节点的存量，T1~T5 和 M1~M4 为参数，其余为变量。各个变量之间的因果数量关系在进行仿真前需要构造合适的方程式来表示，主要方程式参见以下 5 组表达式：

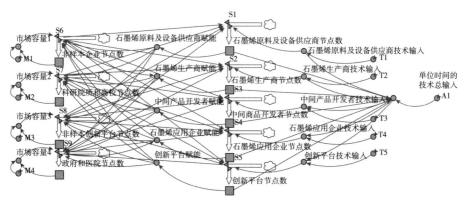

图 5-11　石墨烯产业创新生态系统的系统动力学流图

（1）第一组。

$$TTIPEUT = (GRMESN + GMN + IPDN + GACN + IPN) * A1$$

其中，TTIPEUT 表示单位时间技术总输入[1]，即样本企业单位时间获得技术输入强度的总和，可根据复杂网络中加权入度与全部技术输入所用时间之比得到。A1 表示单位时间内样本企业获得的平均技术输入的强度，为复杂网络中平均加权入度与全部技术输入所用时间[2]的比值。GRMESN、GMN、IPDN、GACN、IPN[3] 分别表示石墨烯原料及设备供应商节点数、石墨烯生产商节点数、中间产品开发者节点数、石墨烯应用企业节点数、创新平台节点数。

（2）第二组。

$$GRMESTI = T1 * TTIPEUT$$

$$GMTI = T2 * TTIPEUT$$

$$IPDTI = T3 * TTIPEUT$$

$$GACTI = T4 * TTIPEUT$$

$$IPTI = T5 * TTIPEUT$$

其中，GRMESTI、GMTI、IPDTI、GACTI、IPTI[4] 分别表示石墨烯原料及设备供应商技术输入、石墨烯生产商技术输入、中间产品开发者技术输入、石墨烯应用企业技术输入、创新平台技术输入。T1、T2、T3、T4、T5 为五类样本企业的技术输入占比，由上文价值网络分析计算而得。以上等式分别代表了石墨烯原料及设备供应商、石墨烯生产商、中间产品开发者、石墨烯应用企业和创新平台单位时间获得的技术输入强度。

---

[1] 根据单位时间技术总输入（Total Technical Input Per Unit Time）英文首字母简写而成。

[2] 该模型中时间尺度为 120 个月。

[3] 根据五类主体与节点数的英文首字母简写而成，石墨烯原料及设备供应商（Graphene Raw Material and Equipment Suppliers）、石墨烯生产商（Graphene Manufacturers）、中间产品开发者（Intermediate Product Developers）、石墨烯应用企业（Graphene Application Companies）、创新平台（Innovation Platforms）。

[4] 根据五类主体与技术输入的英文首字母简写而成。

（3）第三组。

S1＝G1＊GRMESTI＋（E1＊S6＊F1＋E2＊S7＊F2＋E3＊S8＊F3＋E4＊S9＊F4）

S2＝G2＊GMTI＋（E1＊S6＊H1＋E2＊S7＊H2＋E3＊S8＊H3＋E4＊S9＊H4）

S3＝G3＊IPDTI＋（E1＊S6＊I1＋E2＊S7＊I2＋E3＊S8＊I3＋E4＊S9＊I4）

S4＝G4＊GACTI＋（E1＊S6＊J1＋E2＊S7＊J2＋E3＊S8＊J3＋E4＊S9＊J4）

S5＝G5＊IPTI＋（E1＊S6＊W1＋E2＊S7＊W2＋E3＊S8＊W3＋E4＊S9＊W4）

S1、S2、S3、S4、S5 表示石墨烯原料及设备供应商、石墨烯生产商、中间产品开发者、石墨烯应用企业和创新平台单位时间内的节点数增量。根据上文因果关系图分析，样本节点数量受技术供给和市场需求的共同影响。一方面，技术输入增加能够提升技术成熟度，增强潜在样本企业进入石墨烯产业的动机；另一方面，市场需求增加，即客户和需求主体数量增加将提升石墨烯的市场预期，刺激潜在样本企业进入。因此，第三组公式由这两部分构成。首先，G1、G2、G3、G4、G5 分别表示 5 类样本企业随着技术输入每增加 1 个单位的数量增加值，即上文价值网络分析中各部门节点数与其各自加权入度的比值。其次，S6、S7、S8、S9 表示非样本企业、科研院所和高校、非样本创新平台、政府和医院节点数增量；E1、E2、E3、E4 分别表示作为需求方的非样本企业、科研院所和高校、非样本创新平台、政府和医院四类部门，单位时间每增加 1 个单位节点对样本企业技术赋能需求的增加额，用各部门平均加权入度强度（单位时间的平均加强入度）表示；F1、F2、F3、F4 分别表示以上四类部门对技术赋能需求每增加 1 个单位，石墨烯原料及设备供应商节点数的增加额，由价值网络分析中石墨烯原料及设备供应商总节点数与四类需求部门节点的加权出度的比值计算可得，四类部门节点的加权出度也可以用四类部门对应的石墨烯原料及设备供应商提供的加权入度表示。同理，H1～H4、I1～I4、J1～J4、W1～W4 的赋值分别对应石墨烯生产商、中间产品开发者、石墨烯应用企业和创新平台节点数的增加额，赋值方式同上。

（4）第四组。

GRMESTO＝K1＊GRMESN

GMTO = K2 * GMN

IPDTO = K3 * IPDN

GACTO = K4 * GACN

IPTO = K5 * IPN

GRMESTO、GMTO、IPDTO、GACTO、IPTO[①]分别表示石墨烯原料及设备供应商技术赋能、石墨烯生产商技术赋能、中间产品开发者技术赋能、石墨烯应用企业技术赋能、创新平台技术赋能。K1~K5分别表示以上5类样本企业单个节点单位时间内的技术赋能强度,通过价值网络分析中每一类样本企业的平均加权出度与所用时间之比计算而来。

(5)第五组。

S6 = Q1 * (R1 * GRMESTO+U1 * GMTO+V1 * IPDTO+X1 * GACTO+Y1 * IPTO) * α1 * χ1

S7 = Q2 * (R2 * GRMESTO+U2 * GMTO+V2 * IPDTO+X2 * GACTO+Y2 * IPTO) * α2 * χ2

S8 = Q3 * (R3 * GRMESTO+U3 * GMTO+V3 * IPDTO+X3 * GACTO+Y3 * IPTO) * α3 * χ3

S9 = Q4 * (R4 * GRMESTO+U4 * GMTO+V4 * IPDTO+X4 * GACTO+Y4 * IPTO) * α4 * χ4

α1 = (α_{max}1 − β1)/α_{max}1

α2 = (α_{max}2 − β2)/α_{max}2

α3 = (α_{max}3 − β3)/α_{max}3

α4 = (α_{max}4 − β4)/α_{max}4

α为市场容量,β为市场存量,α_{max}为市场容量上限,χ为修正系数。

S6~S9分别表示非样本企业、科研院所和高校、非样本创新平台、政府和医院四类技术需求部门单位时间内的节点数量增加值,其值受各自吸收的技术赋能强度和市场容量的影响。

---

① 根据五类主体与技术赋能的英文首字母简写而成。

Q1~Q4 分别为四类技术需求部门每吸收一个单位的技术赋能，各自节点数量的增加值，对应括号内为每类技术需求部门单位时间内吸收的技术赋能的强度。其中，R1~R4 为非样本企业、科研院所和高校、非样本创新平台、政府和医院四类技术需求主体各自的石墨烯原料及设备供应商加权入度占比；同样地，U1~U4、V1~V4、X1~X4 和 Y1~Y4 分别为作为技术需求方的四类部门各自的石墨烯生产商加权入度占比、中间产品开发者加权入度占比、石墨烯应用企业加权入度占比、创新平台加权入度占比。

市场容量也会影响四类需求部门节点增速。用 α1、α2、α3、α4 表示非样本企业、科研院所和高校、非样本创新平台、政府和医院的市场容量，其值介于 0 和 1 之间。β1~β4 表示非样本企业、科研院所和高校、非样本创新平台、政府和医院的市场存量，即节点数存量。市场容量上限 α_{max} 为各自市场存量的初始值与各自市场空间之和，根据价值网络分析，四类部门市场存量的初始值分别设定为 292、147、26、61；本书设定市场空间总额为 1000。四类技术需求主体的市场空间分别受 M1~M4 影响，M1~M4 为四类技术需求部门在价值网络分析中节点数的占比。

S6~S9 受到石墨烯原料及设备供应商赋能、石墨烯生产商赋能、中间产品开发者赋能、石墨烯应用企业赋能和创新平台赋能大小的影响，而石墨烯原料及设备供应商赋能、石墨烯生产商赋能、中间产品开发者赋能、石墨烯应用企业赋能和创新平台赋能大小受其各自样本节点数量影响。该模型在运行过程中，石墨烯原料及设备供应商、石墨烯生产商、中间产品开发者、石墨烯应用企业和创新平台样本节点数量从 2011 年逐步增至 2021 年。但是由于本模型及参数设定是完全依据截至 2021 年的石墨烯产业创新生态系统建立的，为了消除误差，本书引入修正系数，赋值 2.5。

根据第四章石墨烯产业创新生态系统的复杂网络结构指标及以上设定，以上 5 组方程式中涉及的变量计算结果如表 5-5 所示。

表 5-5 变量赋值

序号	参数编号	赋值	序号	参数编号	赋值
1	A1	0.04688	31	J4	1.4783
2	T1	0.0252	32	W1	0.2143
3	T2	0.4299	33	W2	0.2308
4	T3	0.1115	34	W3	3.0000
5	T4	0.3525	35	W4	0.6000
6	T5	0.0809	36	K1	0.0167
7	G1	0.4286	37	K2	0.0758
8	G2	0.1715	38	K3	0.0338
9	G3	0.2903	39	K4	0.0515
10	G4	0.1735	40	K5	0.1125
11	G5	0.1333	41	Q1	0.9154
12	E1	0.0091	42	Q2	0.75
13	E2	0.0111	43	Q3	0.5778
14	E3	0.0144	44	Q4	0.9104
15	E4	0.0092	45	R1	0.4167
16	F1	1.2000	46	R2	0.2500
17	F2	2.0000	47	R3	0.1667
18	F3	3.0000	48	R4	0.0000
19	F4	1（修订）	49	U1	0.4263
20	H1	0.2579	50	U2	0.2735
21	H2	0.4020	51	U3	0.0643
22	H3	1.7083	52	U4	0.0777
23	H4	1.4138	53	V1	0.4795
24	I1	0.5143	54	V2	0.2192
25	I2	1.1250	55	V3	0.0685
26	I3	3.6000	56	V4	0.0685
27	I4	3.6000	57	X1	0.4381
28	J1	0.3696	58	X2	0.2333
29	J2	0.6939	59	X3	0.0571
30	J3	2.8333	60	X4	0.1095

序号	参数编号	赋值	序号	参数编号	赋值
61	Y1	0.3457	65	M1	0.5551
62	Y2	0.3210	66	M2	0.2795
63	Y3	0.0247	67	M3	0.0494
64	Y4	0.3100	68	M4	0.1160

注：为了减少误差，首先分别计算截至 2014 年、截至 2017 年及截至 2021 年的 3 个复杂网络中单位时间内样本企业获得技术输入的强度，然后取其平均值；样本空间设定为 1000；五类样本节点数初始值分别赋值为 1、10、1、7、2；非样本企业节点、科研院所和高校节点、政府和医院节点、非样本创新平台节点数初始值赋值分别为 2、3、1、1。

三、历史数据检验

运行以上系统动力学模型共 12 期，每期设定 10 个月，模拟我国石墨烯产业 2011~2021 年五类样本节点数以及非样本企业节点、科研院所和高校节点、政府和医院节点、非样本创新平台节点数情况，再比较历史数据，从而检验模型历史数据的有效性，结果如表 5-6 所示。

表 5-6　各类型节点数不同时期仿真值与实际值比较

节点类型	年份（期数）	实际值	仿真值
非样本企业节点	2014（48）	26	81
	2017（84）	159	163
	2021（132）	292	295
科研院所和高校节点	2014（48）	14	43
	2017（84）	87	84
	2021（132）	147	150
非样本创新平台节点	2014（48）	3	7
	2017（84）	21	14
	2021（132）	26	26

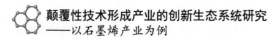
续表

节点类型	年份（期数）	实际值	仿真值
政府和医院节点	2014（48）	4	13
	2017（84）	26	35
	2021（132）	61	62
石墨烯原料及设备供应商	2014（48）	1	3
	2017（84）	4	7
	2021（132）	6	12
石墨烯生产商	2014（48）	11	15
	2017（84）	34	22
	2021（132）	41	38
中间产品开发者	2014（48）	4	4
	2017（84）	14	9
	2021（132）	18	18
石墨烯应用企业	2014（48）	9	12
	2017（84）	26	18
	2021（132）	34	31
创新平台	2014（48）	3	3
	2017（84）	6	4
	2021（132）	6	7

注：第48期、84期和132期节点数分别对应截至2014年、2017年和2021年的节点数。

由以上结果可知，对应各时间段几乎所有类型节点的数量的仿真值和实际值相差很少①，表明系统动力学模型的构建及参数设定能够还原石墨烯产业创新生态系统的实际运行情况，可用该模型对石墨烯产业创新生态系统的演化进行预测分析。

---

① 2014年的非样本企业、科研院所和高校、政府和医院、非样本创新平台节点数与真实值相比有一定差异，这是由石墨烯产业创新生态系统早期企业技术合作关系信息披露不完全以及早期节点数量少、偏差大等因素所致。

四、模型仿真结果与分析

（一）石墨烯产业样本企业与需求企业节点数预测

基于以上系统动力学模型及参数设定值，本书首先对石墨烯产业样本企业与需求企业节点数进行了预测，如图5-12所示。各类型需求企业节点直接受到市场容量的负反馈，本模型中市场空间总和定为1000，因此按照截至2021年石墨烯产业创新网络的发展趋势，需求企业节点数随时间变化基本呈现"S"型，符合技术扩散规律：处于创新扩散初期时，创新扩散速度较慢，创新采纳者较少；随着潜在创新者逐渐转变为创新采纳者，将大大加快创新扩散速度；当创新采纳者数量增加且逐渐接近并达到市场容量上限或环境最大承载量时，创新扩散速度又开始逐渐减慢并趋于稳定，创新扩散进入平稳期。由于在本模型中五种类型样本企业节点数量受技术供给和市场需求两方面因素共同影响，而技术供给在本模型中暂未考虑市场容量的影响，因此样本企业节点数呈现一直快速增加的趋势，后续还需引入市场容量的负反馈进一步调节。

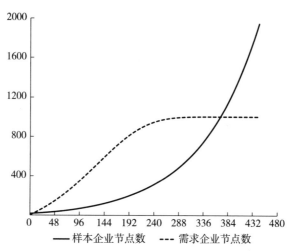

图5-12 石墨烯产业样本企业与需求企业节点数预测

(二) 技术供给结构变化对样本节点数影响的仿真分析

为进一步研究石墨烯原料及设备供应商、石墨烯生产商、中间产品开发者、石墨烯应用企业、孵化器/创新平台/新型研发机构五类样本节点不同技术输入对整个创新生态系统各类型节点扩张速度的影响，除按照原始比例进行第一次仿真外，另外实施 5 次比较试验：5 次试验分别将 T1～T5 参数各提升 30%，并将需要减少的技术输入占比 30% 的额度按照初始比例分配到其他类型节点上。

图 5-13 和图 5-14 为技术输入结构变化对各类样本企业节点数量的比较运行仿真实验结果，技术输入结构变化对各类需求企业节点数量影响不大（见图 5-14），因此本书着重讨论技术输入结构变化对各类样本企业节点数量的影响（见图 5-13），并进一步绘制了技术输入结构变化对各类样本企业节点数量占比影响的仿真实验结果，如图 5-15 所示。首先，不同类型样本节点随时间推移增加呈现不同趋势。石墨烯原料及设备供应商节点数占比随时间推移先增加后降低，石墨烯生产商、石墨烯应用企业、创新平台节点数占比随时间推移大体呈现下降趋势，中间产品开发者节点数占比则随时间推移呈现增加趋势。其次，某一类型节点技术输入增加使对应该类型样本节点数量增加量相比其他各类样本节点更多，即对该类节点数量本身影响最大。石墨烯生产商和石墨烯应用企业技术输入分别增加 30% 甚至能够改变两类样本企业随时间推移增加的数量占比趋势，这可能与石墨烯生产商和石墨烯应用企业节点数量较多有关。

(三) 需求结构变化对节点数影响的仿真分析

为了比较分析需求结构变化对各类型节点数量的影响，实施 5 次比较实验，并按照原有比例减少其他市场主体的市场容量共计 30%。如图 5-16 所示，需求结构变化对各类样本企业节点数量的影响集中体现在 M1 上，M2、M3、M4 分别提升 30% 对各类样本企业节点数量几乎没有影响：M1 提升 30% 后，石墨烯原料及设备供应商、石墨烯生产商、中间产品开发

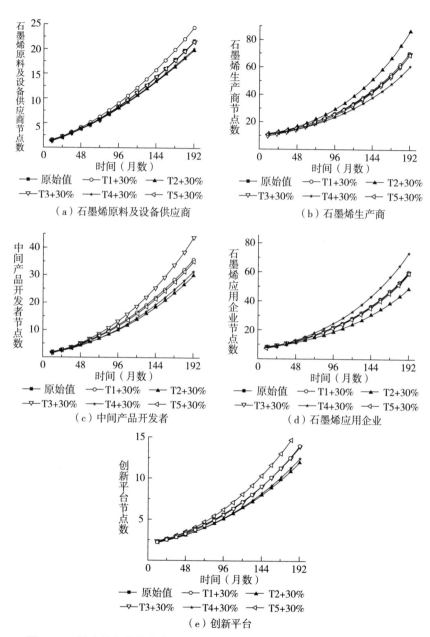

（a）石墨烯原料及设备供应商　　　　（b）石墨烯生产商

（c）中间产品开发者　　　　（d）石墨烯应用企业

（e）创新平台

图 5-13　技术输入结构变化对各类样本企业节点数量影响的仿真实验结果

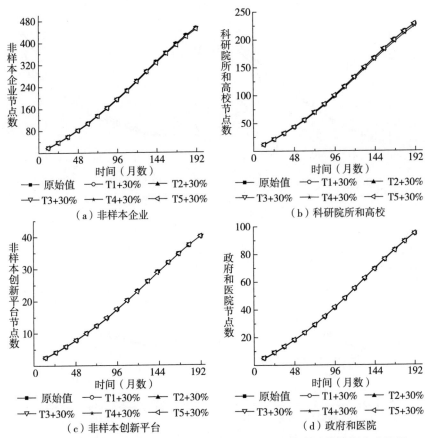

图 5-14　技术输入结构变化对各类需求企业节点数量影响的仿真实验结果

者、石墨烯应用企业和创新平台节点数均呈现下降趋势。

需求结构变化对各类需求企业节点数量影响更加显著，如图 5-17 所示。首先，M1、M2、M3、M4 分别增加，对应非样本企业、科研院所和高校、非样本创新平台、政府和医院节点数也分别增加，这是由于市场容量的增加使对应节点增速比原来更快；其次，M1 增加 30%使非样本企业节点数增加，而科研院所和高校、非样本创新平台、政府和医院节点数则显著下降，这是由于 M1 初始值较高，达到 0.5551，其增加 30%伴随 M2 ~ M4 按比例值也下降更多，从而导致其市场容量下降，而负反馈作用增加，加速科研院所和高校、非样本创新平台、政府和医院节点数下降。

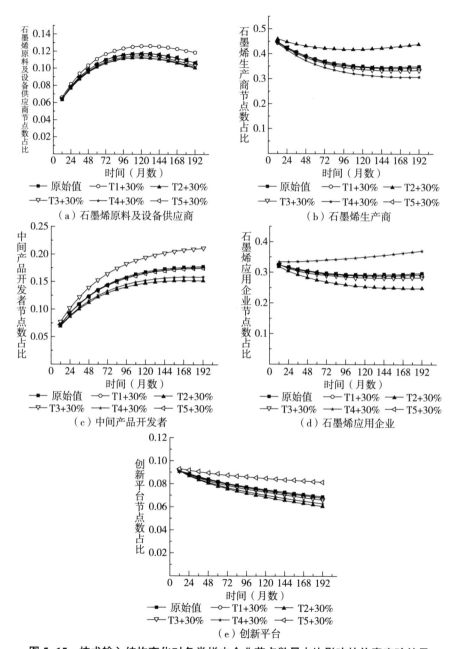

图 5-15　技术输入结构变化对各类样本企业节点数量占比影响的仿真实验结果

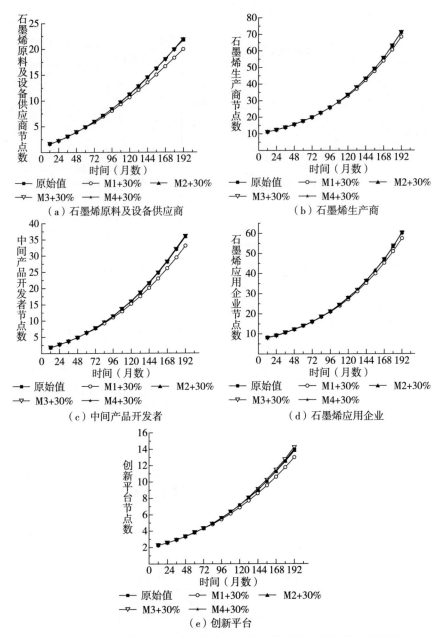

（a）石墨烯原料及设备供应商

（b）石墨烯生产商

（c）中间产品开发者

（d）石墨烯应用企业

（e）创新平台

图 5-16　需求结构变化对各类样本企业节点数量影响的仿真实验结果

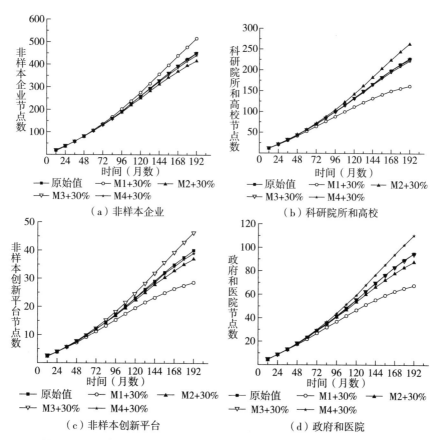

图 5-17　需求结构变化对各类需求企业节点数量影响的仿真实验结果

第三节　本章小结

本章以石墨烯样本企业技术关系为基础，首先采用价值网络分析方法基于技术关系构建了 2011~2021 年三个时间节点的复杂网络，分析网络的结构和特征的演化，抽象出石墨烯产业创新生态系统的演化过程和机制，结论如下：①从网络演化特征来看，石墨烯产业创新生态系统创新主体、合作关系不断增加，网络规模不断扩大，网络连接逐步增高；每个阶段均有大量新的主体加入到创新网络，有大量新的合作关系形成，石墨烯产业创新网络处于活跃期；石墨烯产业创新生态系统是典型的小世界网络，从2011年到2021年，网络"幂率"特征越发明显，说明枢纽节点的形成和出现，呈现出"极化"特征；生产网络的扩张速率高于研发网络的扩张速率，生产网络和研发网络发展及内在协同机理塑造了石墨烯产业创新生态系统此阶段的外在的演进路径。②从系统演化过程来看，石墨烯产业创新生态系统经历孕育期，正处于萌芽期，即将迈入成长期。孕育期阶段（2011年以前），大多属于内部自主创新，创新主体间基本没有协同，几乎没有技术、投融资等合作出现；进入萌芽期（2011年及以后），第六元素、二维碳素、北京碳世纪、宁波墨西、苏州格瑞丰等企业先后成立、集聚并逐步加强合作，核心企业出现，石墨烯产业创新生态系统初步形成并逐步扩张。但整体来看，企业还相对无序，创新主体之间的联系较为松散，市场还不稳定。③从演化的机制来看，系统发展到现阶段，形成机制和运行机制共同推动石墨烯产业创新生态系统的演化。从形成机制来看，属于中小企业主导、政府引导、高校和科研机构衍生并存的创新主体集聚模式。从动力机制来看，在市场竞争的压力和动力下，需求牵引和技术推动主体之间构成协同互补网络，各主体依托各自比较优势互补性合作，在竞合机制、扩散机制和保障机制的作用下，推动石墨烯产业创新生态系统的不断演化。

此外，本章在价值网络分析的基础上，采用系统动力学方法构建系统动力学模型，对石墨烯产业创新生态系统进行未来趋势预测，结论如下：①整体上，需求企业节点数随时间变化基本呈现"S"型，符合技术扩散规律。②从技术输入结构变化来看，首先，其主要影响各类样本企业节点数量，对各类需求企业节点数量影响不大；其次，不同类型样本节点占比随时间推移呈现不同趋势，某一类型节点技术输入增加对该类节点数量本身影响最大，其中，石墨烯生产商和石墨烯应用企业技术输入分别增加30%甚至能够改变两类样本企业随时间增加的数量占比趋势。③从需求结构变化来看，首先，其他参数变化对样本企业节点数影响不大，仅有M1

提升30%后，导致样本企业节点数呈现下降趋势；其次，需求结构变化对各类需求企业节点数量影响明显，M1～M4增加，对应非样本企业、科研院所和高校、非样本创新平台、政府和医院节点数也分别增加，其中M1影响最为显著。以上结果说明，石墨烯生产商和石墨烯应用企业的技术输入以及需求结构变化对系统未来影响较大。

中国石墨烯产业的创新政策研究

随着创新范式 1.0 到 3.0 的变化，创新政策也不断演进，新古典经济学、演化经济学和政策科学也从不同的理论角度对创新政策的必要性进行阐述[46]。一方面，颠覆性技术形成产业面临技术冲突、管理冲突和市场冲突等带来的高度不确定性，产生的效果又极其巨大，因而制定相关创新政策尤为重要；另一方面，政策保障是颠覆性技术形成产业的创新生态系统保障机制的最重要手段之一。因此，在第三章至第五章对石墨烯产业发展现状及制约因素以及石墨烯创新生态系统结构、演化阶段以及机理进行分析的基础上，本章对石墨烯创新政策的现状、创新政策在各演进阶段的作用机理进行分析，最后结合颠覆性技术形成产业的创新生态系统理论分析，提出相关政策建议。

第一节　中国石墨烯产业的政策分析

一、基于统计分析方法的中国石墨烯产业政策现状分析

（一）研究设计

本章从中央地方政府网站、"北大法宝"、中国工程科技知识中心政策

文献库中收集涉及石墨烯的法律法规、部门规章、规范性政策文件，进一步筛选、整理获得 2006~2021 年石墨烯相关的法律法规、部门规章、规范性文件等共计 1775 项，其中国家级政策 109 项、省级政策 746 项、市级政策 920 项。利用 Python 代码对以上 1775 项政策标题、发文机构、正文、发文日期进行文本挖掘，对石墨烯产业政策类型、颁布机构、区域分布和政策演进阶段进行分析，技术路线如图 6-1 所示。

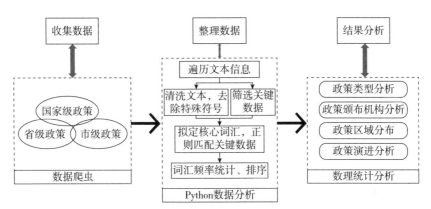

图 6-1 基于统计分析方法的石墨烯政策分析路线

（二）结果分析

1. 政策类型

图 6-2、图 6-3、图 6-4 统计了石墨烯国家级、省级、市级政策主要文体形式。如图 6-2 所示，109 项国家级政策中以"通知"文体形式（61 项）发布的占到了所有涉及石墨烯的国家级政策总数的 57%，以"公告"文体形式（17 项）发布的占到了 16%，其次是以"目录"文体形式（9 项）发布的占到了 8%，以"意见"形式发布的占到了 5%。如图 6-3 所示，746 项省级政策中以"通知"文体形式（482 项）发布的占到了所有涉及石墨烯的省级政策总数的 65%，以"方案"文体形式（97 项）发布的占到了 13%，其次是以"意见"文体形式（72 项）发布的占到了 10%，以"决定"形式（25 项）发布的占到了 3%。如图 6-4 所示，920 项市级

政策中以"通知"文体形式（746项）发布的占到了所有涉及石墨烯的市级政策总数的81%，以"意见"文体形式（93项）发布的占到了10%，以"决定"（20项）和"通报"（22项）形式发布的均占到了所有市级政策总数的2%。

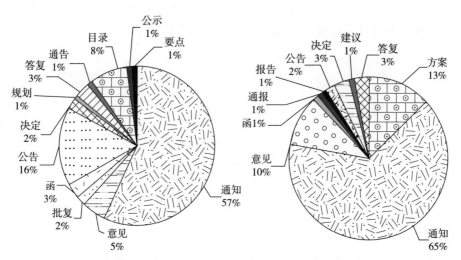

图6-2 国家级政策主要文体形式分布　　图6-3 省级政策主要文体形式分布

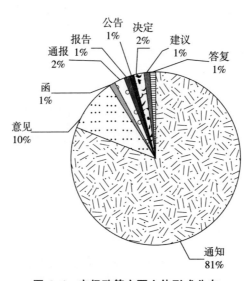

图6-4 市级政策主要文体形式分布

总体来看，目前与石墨烯相关的科技政策还没有上升到法律法规层次，"决定""规定""办法"等涉及科技管理关系、科技活动中稍微更具体层面的政策也较为少见，然而以"通知"形式颁布的政策最多，另外"意见""方案""公告"和"目录"等规范性文件的形式也较为常见，这说明当前与石墨烯相关的政策大多数聚焦于对具体政策事项的实施和处理方面，在国家重要战略、规划的指引下，中央政府相关部门，尤其是各省、市政府出台了诸多具体政策支持和促进石墨烯产业发展。

2. 政策颁布机构

政策发布机构是石墨烯政策制定的主体。表 6-1、表 6-2 和表 6-3 统计了石墨烯国家级、省级、市级发布文件频次大于等于 10 次的各级单位。整体来看，我国上至国家及相关部委，下至省级、地方政府都非常重视石墨烯，不断加大投入和支持力度，出台多项政策，为石墨烯研发和产业化发展营造良好环境。

在国家级层面，在国务院颁布的《国家创新驱动发展战略》《"十三五"国家战略性新兴产业发展规划》等具有统摄性的政策指导下，工业和信息化部、国家发展改革委、科技部等职能部门是石墨烯政策主要制定主体，这些部门贯彻国家政策制定了多项具体的行动方案和实施细则，如表 6-1 所示。

表 6-1　国家级层面石墨烯政策颁布机构情况

发布部门	政策数量	占比（%）	属性
国务院	6	5.50	国务院及其组成部门
工业和信息化部	22	20.18	国务院及其组成部门
科技部	18	16.51	国务院及其组成部门
国家发展改革委	19	17.43	国务院及其组成部门
人力资源和社会保障部	3	2.75	国务院及其组成部门
自然资源部	2	1.83	国务院及其组成部门
教育部	3	2.75	国务院及其组成部门
国家民族事务委员会	1	0.92	国务院及其组成部门

续表

发布部门	政策数量	占比（%）	属性
国家自然科学基金委员会	1	0.92	国务院及其组成部门
商务部	3	2.75	国务院及其组成部门
中国证券监督管理委员会	1	0.92	国务院直属事业单位
国家广播电视总局	1	0.92	国务院直属机构
国家市场监督管理总局	3	2.75	国务院直属机构
国家标准化管理委员会	3	2.75	职责划入国家市场监督管理总局，对外保留牌子
国家认证认可监督管理委员会	3	2.75	职责划入国家市场监督管理总局，对外保留牌子
国家质量监督检验检疫总局	4	3.67	已撤销，国务院原直属机构
国家工商行政管理总局	2	1.83	已撤销，国务院原直属机构
国家能源局	1	0.92	国务院部委管理的国家局
国家知识产权局	6	5.50	国务院部委管理的国家局
国家国防科技工业局	2	1.83	国务院部委管理的国家局
国家科学技术奖励工作办公室	5	4.59	属于其他国家机构

石墨烯产业相关的省级、市级政策多为政府工作报告以及对《"十三五"国家战略性新兴产业发展规划》、《中华人民共和国国民经济和社会发展第十四个五年规划和2035年远景目标纲要》、科技创新/新型基础设施建设三年行动计划等国家和部门政策因地制宜的贯彻和具体落实。省级层面，各地人民政府、教育委员会、科技技术厅/委员会、发展改革委、经济和信息化局/委员会为政策制定主体，黑龙江、广西、福建、浙江和北京省级（或直辖市）颁布政策最多，如表6-2所示。其中，黑龙江省人民政府、广西壮族自治区人民政府均颁布政策文件32项，居首位，其次是福建省人民政府（颁布30项）、浙江省科学技术厅（颁布23项）、福建省经济和信息化局（颁布22项）、北京市人民政府（颁布21项）。地市级层面，各地市人民政府、科学技术局、经济和信息化委员会/局是政策颁布主体，三明市人民政府（颁布38项）、深圳市科技厅/局/委（颁布22

项)、泉州市人民政府（颁布16项）、德阳市人民政府（颁布15项）为颁布石墨烯相关政策数量排名前四的机构（见表6-3）。

表6-2　省级层面石墨烯政策颁布机构情况

序号	机构名称	数量
1	上海市教育委员会	11
2	内蒙古自治区人民政府	13
3	北京市人民政府	21
4	北京市教育委员会	10
5	四川省人民政府	15
6	宁夏回族自治区人民政府	15
7	山东省人民政府	17
8	山西省人民政府	11
9	广西壮族自治区人民政府	32
10	江苏省人民政府	12
11	江苏省科学技术厅/局/委	10
12	河北省发展改革委	11
13	河南省人民政府	11
14	浙江省人民政府	10
15	浙江省科学技术厅/局/委	23
16	福建省人民政府	30
17	福建省发展改革委	14
18	福建省科学技术厅/局/委	10
19	福建省经济和信息化厅/局/委	22
20	重庆市人民政府	15
21	黑龙江省人民政府	32

注：频次≥10次。

表6-3　市级层面石墨烯政策颁布机构情况

序号	机构名称	数量
1	七台河市人民政府	10
2	三明市人民政府	38
3	厦门市人民政府	12
4	唐山市科学技术厅/局/委	10
5	宁波市人民政府	11
6	宁波市科学技术厅/局/委	14
7	宁波市经济和信息化厅/局/委	12
8	常州市人民政府	12
9	常州市政府办公厅/局/委	11
10	广州市人民政府	11
11	德阳市人民政府	15
12	柳州市人民政府	12
13	泉州市人民政府	16
14	济南市人民政府	10
15	深圳市科技厅/局/委	22
16	遂宁市人民政府	12
17	银川市人民政府	11
18	青岛市人民政府	12
19	青岛市科学技术厅/局/委	13

注：频次≥10次。

3. 政策区域分布

统计省级和市级颁布的与石墨烯相关的政策分布情况，如表6-4和表6-5所示（频次≥10次）。省级层面，福建、广西、浙江、北京、黑龙江、江苏、山东、上海、安徽、河北位居前十名，尤其是福建省颁布的省级层面政策数量遥遥领先于其他各省份。市级层面，浙江宁波市、福建三明市、广东深圳市、山东青岛市、江苏常州市和无锡市、宁夏银川市、福建厦门市和泉州市、广西南宁市等颁布了较多石墨烯相关政策，位居前十名。

表 6-4　石墨烯省级政策区域分布情况

序号	省份	数量	序号	省份	数量
1	福建	97	13	内蒙古	24
2	广西	50	14	宁夏	24
3	浙江	49	15	河南	21
4	北京	47	16	湖南	21
5	黑龙江	47	17	四川	20
6	江苏	42	18	吉林	16
7	山东	39	19	山西	15
8	上海	35	20	天津	12
9	安徽	32	21	广东	12
10	河北	32	22	江西	12
11	重庆	26	23	湖北	12
12	陕西	25			

注：频次≥10次。

表 6-5　石墨烯市级政策区域分布情况

序号	省份	市	政策数量	序号	省份	市	政策数量
1	浙江	宁波市	49	12	广东	广州市	14
2	福建	三明市	40	13	江苏	南通市	14
3	广东	深圳市	40	14	广西	柳州市	13
4	山东	青岛市	37	15	山东	济南市	13
5	江苏	常州市	33	16	四川	遂宁市	12
6	江苏	无锡市	26	17	河北	唐山市	10
7	宁夏	银川市	25	18	河北	邯郸市	10
8	福建	厦门市	24	19	黑龙江	七台河市	10
9	广西	南宁市	18	20	江苏	苏州市	10
10	福建	泉州市	16				
11	四川	德阳市	15				

注：频次≥10次。

进一步将市级层面颁布的与石墨烯相关政策按照各省、自治区进行统计，结果如表6-6所示。江苏（121项）、福建（107项）两地颁布的石墨烯相关政策均超过100项，其次是山东颁布97项，广东颁布74项，浙江颁布71项，四川颁布55项。对比颁布省级和地市级政策最多的省份情况可知（见表6-4和表6-6），福建省级层面和地市级层面均非常重视石墨烯，颁布政策合计达到204项；江苏则呈现出以各地级市出台政策为主、以省级出台政策为辅的情况（121项/42项），山东（97项/39项）、广东（74项/12项）也是类似情况；黑龙江则相反，以省级层面政策为主，地市级层面政策为辅（47项/35项），地市级政策主要集中在七台河市、哈尔滨市和鹤岗市。

表6-6　石墨烯市级政策按省份统计情况

省份	地市	政策数量	政策数量汇总	省份	地市	政策数量	政策数量汇总
安徽	亳州市	1	37	福建	莆田市	1	107
	合肥市	7			龙岩市	8	
	宣城市	1		甘肃	临夏市	1	12
	宿州市	8			兰州市	4	
	池州市	1			平凉市	1	
	淮北市	4			武威市	2	
	淮南市	3			白银市	2	
	滁州市	1			酒泉市	1	
	蚌埠市	7			陇南市	1	
	铜陵市	2		广东	东莞市	1	74
	阜阳市	2			中山市	4	
福建	三明市	40	107		佛山市	4	
	南平市	6			深圳市	1	
	厦门市	24			广州市	15	
	宁德市	3			揭阳市	1	
	泉州市	16			汕头市	3	
	漳州市	1			深圳市	42	
	福州市	8			珠海市	3	

续表

省份	地市	政策数量	政策数量汇总	省份	地市	政策数量	政策数量汇总
	北海市	1		河南	驻马店市	3	41
	南宁市	18			七台河市	10	
	柳州市	13			佳木斯市	1	
	桂林市	5			双鸭山市	2	
广西	梧州市	3	48	黑龙江	哈尔滨市	8	35
	玉林市	3			牡丹江市	1	
	贵港市	2			鸡西市	5	
	钦州市	2			鹤岗市	7	
	防城港市	1			齐齐哈尔市	1	
贵州	六盘水市	2	6		十堰市	1	
	毕节市	4			宜昌市	3	
海南	万宁市	3	3		武汉市	5	
	唐山市	10		湖北	襄阳市	1	12
	廊坊市	2			鄂州市	1	
	承德市	1			黄冈市	1	
河北	石家庄市	7	3		台州市	1	
	衡水市	2			嘉兴市	2	
	邢台市	1			宁波市	49	
	邯郸市	10			杭州市	8	
	南阳市	1		浙江	温州市	3	71
	商丘市	1			湖州市	3	
	安阳市	3			绍兴市	1	
	平顶山市	9			金华市	4	
	开封市	6			娄底市	1	
河南	新乡市	2	41		常德市	1	
	洛阳市	1			株洲市	2	
	濮阳市	1		湖南	益阳市	1	12
	焦作市	1			郴州市	5	
	许昌市	7			长沙市	2	
	郑州市	6					

续表

省份	地市	政策数量	政策数量汇总	省份	地市	政策数量	政策数量汇总
吉林	吉林市	1	4	内蒙古	乌兰察布市	4	28
	辽源市	2			包头市	7	
	长春市	1			呼伦贝尔市	1	
江苏	南京市	9	121		呼和浩特市	3	
	南通市	14			巴彦淖尔市	2	
	宿迁市	3			赤峰市	1	
	常州市	33			鄂尔多斯市	8	
	徐州市	6			阿拉善盟	2	
	扬州市	1		宁夏	吴忠市	1	27
	无锡市	26			银川市	26	
	泰州市	5		青海	海东市	1	
	淮安市	4			西宁市	3	
	苏州市	10		山东	东营市	8	97
	连云港市	2			临沂市	2	
	镇江市	8			威海市	7	
江西	宜春市	2	3		德州市	4	
	赣州市	1			泰安市	5	
辽宁	丹东市	1	30		济南市	13	
	大连市	2			济宁市	4	
	抚顺市	2			淄博市	2	
	朝阳市	3			滨州市	5	
	本溪市	2			潍坊市	3	
	沈阳市	5			菏泽市	7	
	盘锦市	3			青岛市	37	
	营口市	3		山西	临汾市	3	22
	葫芦岛市	1			吕梁市	1	
	铁岭市	2			大同市	8	
	锦州市	2			忻州市	2	
	阜新市	1			晋中市	2	
	鞍山市	3			晋城市	1	

续表

省份	地市	政策数量	政策数量汇总	省份	地市	政策数量	政策数量汇总
山西	朔州市	1	22	四川	宜宾市	2	55
	运城市	2			巴中市	2	
	长治市	1			广元市	1	
	阳泉市	1			德阳市	15	
陕西	咸阳市	1	0		成都市	8	
	安康市	1			攀枝花市	8	
	宝鸡市	5			泸州市	2	
	延安市	4			眉山市	1	
	榆林市	1			自贡市	2	
	汉中市	1			遂宁市	12	
	西安市	5		新疆	吐鲁番市	1	1
	铜川市	2		云南	昆明市	1	3
四川	乐山市	1	55		曲靖市	1	
	内江市	1			楚雄州	1	

　　结合各省份的石墨烯代表性企业情况（见图4-6）发现，江苏、广东两省的代表性企业遥遥领先于其他各省，处于第一梯队，江苏和广东市级颁布的与石墨烯相关的政策分别位居第1和第4，省级政策表现则不如市级亮眼，分别排名第6和第21；北京、山东、浙江各省份石墨烯企业数量处于第二梯队，山东、浙江各地市颁布的石墨烯政策分别排名第3和第5，省级政策排名第7和第49；上海、四川、福建、黑龙江处于第三梯队，省级及地市级政策均位居全国前列；值得注意的是，福建拥有几乎最多的各层级石墨烯相关政策，但是福建的代表

性企业数量处于第三梯队，表明福建省政府对石墨烯的高度重视。总体来看，颁布各层级政策数量靠前的省份也对应拥有较多的石墨烯企业，这说明省份级政策对当地石墨烯产业的发展起到了积极促进作用，地方政府对石墨烯产业的支持力度较大，石墨烯产业的政策支持属于"自下而上"的模式。但是，由于区域差异等因素，不同地区省级和市级政策支持力度不相同，往往市级政策比省级政策在促进石墨烯产业发展上更加有效，这可能是因为市级的实施方案和具体举措更能传导、作用于产业发展。

4. 政策演进阶段

统计所有石墨烯政策文本颁布年份。整体来看，中国石墨烯政策发展可以分为四个阶段（见图 6-5），即孕育期（2006~2010 年）、初步形成期（2011~2014 年）、快速发展期（2015~2017 年）、降温期（2018~2021 年）。进一步统计国家级层面石墨烯相关标志性政策，如表 6-7 所示。

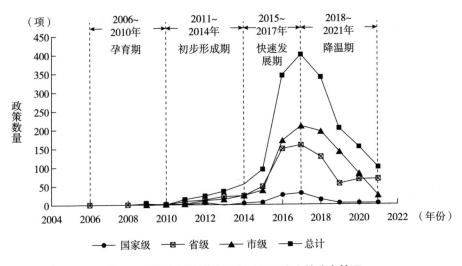

图 6-5　石墨烯政策数量在时间尺度上的分布情况

表 6-7　国家级层面石墨烯相关标志性政策

政策阶段	年份	标志性国家级政策	发布机构	阶段性政策目标或内容
初步形成期（2011~2014 年）	2011	《当前优先发展的高技术产业化重点领域指南（2011 年度）》	国家发展和改革委员会、科学技术部、工业和信息化部、商务部、国家知识产权局	重点发展蓝宝石晶片、石墨烯和碳纳米管混合的信息功能材料与器件
	2012	《新材料产业"十二五"发展规划》	工业和信息化部	列入前沿材料目录
	2014	《关键材料升级换代工程实施方案》	国家发展改革委、财政部、工业和信息化部	到 2016 年，推动包含石墨烯在内的 20 种重点新材料实现批量稳定生产和规模应用
快速发展期（2015~2017 年）	2015	《关于加快石墨烯产业创新发展的若干意见》	国家发展改革委、工业和信息化部、科技部	提出阶段发展目标
	2016	《中华人民共和国国民经济和社会发展第十三个五年规划纲要》	"两会"	大力发展石墨烯等下一代半导体材料
	2016	《国家创新驱动发展战略纲要》	中共中央、国务院	引领产业变革的颠覆性技术，发挥石墨烯等技术对新材料产业发展的引领作用
	2016	《"十三五"国家战略性新兴产业发展规划》	国务院	要加强石墨烯存储等新原理组建研发，推进后摩尔定律时代微电子技术开发与应用，突破石墨烯产业化应用技术，加强相关标准布局
	2016	《新材料产业发展指南》	工业和信息化部、发展改革委、科技部、财政部	围绕防腐涂料、复合材料、触摸屏、传感器、触控器件、电子元器件等应用领域，重点发展利用石墨烯相关产品，构建若干产业链和产业集聚区
	2017	《"十三五"材料领域科技创新专项规划》	科技部	突破高品质石墨烯粉体及石墨烯薄膜制备技术
	2017	关于开展质量提升行动的指导意见	中共中央、国务院	加强石墨烯、智能仿生材料等前沿新材料布局

续表

政策阶段	年份	标志性国家级政策	发布机构	阶段性政策目标或内容
降温期 (2018~ 2021年)	2018	《新材料标准领航行动计划（2018—2020年）》	国家质量监督检验检疫总局（现国家市场监督管理总局）、工业和信息化部、国家发展和改革委员会	聚焦石墨烯、增材制造材料、超导材料和极端环境材料等先导产业技术开展标准布局，规划未来发展格局和路径，构建新材料产业标准体系
	2018	《产业转移指导目录》	工业和信息化部	明确13个省（市）石墨烯发展侧重点
	2018	《重点新材料首批次应用示范指导目录》	工业和信息化部	加快石墨烯相关应用产品推广

资料来源：笔者根据国家级政策统计、整理。

（1）孕育期（2006~2010年）：地方层面率先颁布石墨烯相关政策。自2004年英国科学家Andre Geim和Konstantin Novoselov发现一种非常简单的方法能够得到石墨烯以后，随着石墨烯成为各国研究热点和公认的新潜力材料，中国地方层面率先颁布了几项促进石墨烯研究和产业发展的相关政策，此时为孕育期。

（2）初步形成期（2011~2014年）：国家级政策陆续出台，省市级政策跟上。这一阶段具有代表性的国家级政策有《当前优先发展的高技术产业化重点领域指南（2011年度）》《"十二五"国家战略性新兴产业发展规划》《关键材料升级换代工程实施方案》，对石墨烯功能材料和器件、材料稳定生产和规模应用等方面进行扶持。在国家政策的引领和带动下，越来越多的省级、市级石墨烯政策出台，此时为石墨烯政策的初步形成期。

（3）快速发展期（2015~2017年）：国家级政策密集出台，省市级政策数量快速增加。这一时期，全国各层级石墨烯政策数量从2015年的96项迅速增加到2017年的400项，达到峰值，密集颁布的石墨烯产业促进政策与中国石墨烯产业进入高速膨胀期有关。国务院颁布的《"十三五"国家战略性新兴产业发展规划》《国家创新驱动发展战略纲要》《关于开展质量提升行动的指导意见》提出了石墨烯产业的发展路径和发展目标，对高性能石墨烯粉体和薄膜的稳定生产进行扶持，提出在新型显示、先进电池等领域实现应用示范以及石墨烯材料标准布局产业政策。在部委层面，国家发展改革委、工业和信息化部、科技部联合发布《关于加快石墨烯产业创新发展的若干意见》，是首个专门关于石墨烯产业的国家石墨烯纲领性政策，后续《新材料产业发展指南》《"十三五"材料领域科技创新专项规划》《关于开展质量提升行动的指导意见》均涉及石墨烯产业，在重点应用领域通过构建产业链和产业集聚区、筹建产业发展联盟、突破制备技术等方式给予支持。

（4）降温期（2018～2021年）：各级政策数量逐年减少。这一时期，政策、市场均趋于冷静，到2020年全国各层级石墨烯政策数量已降至155项，发布的政策多与石墨烯行业标准、产品质量相关，石墨烯产业发展逐渐进入"泡沫化谷底期"。

二、基于内容分析方法的石墨烯产业政策作用机理分析

由于省级或市级政策一般以国家级政策为依据，国家层面的政策往往能够反映国家对某一产业的指导性意见，因此本章重点针对国家层面的政策文件做更为详细的分析，以进一步探究中国石墨烯产业相关政策的作用机制。政策工具是实现政策目标的手段，政策工具选择的变迁能够反映政策的演化逻辑，优化政策的关键就在于政策工具选择与政策目标的适配。从不同视角出发的研究对政策工具定义和维度的划分不同。其中，Rothwell和Zegveld强调技术市场的要素供给、环境影响和需求拉动三方面[185]，从供给、环境和需求三方面来划分[186]，并对次级政策工具进一步划分，是最常见的分类维度，本章宜采用此种政策维度划分方式，从政策工具视角进一步对国家级政策文件进行分析。

（一）研究设计

1. 分析框架

以往研究对于Rothwell和Zegveld提出的供给面、环境面和需求面三类

政策工具的次级分类存在概念混淆、划分不一致以及相互重叠的情况，部分研究将次级政策总结为短语，容易出现解释不清、望文生义、使用模糊的情况。基于对 Rothwell 和 Zegveld 以及已有研究关于政策工具定义的梳理，本章对政策工具的维度划分定义如表6-8所示[187]。

表6-8　政策工具分类

供给面	公营事业	政府通过公有事业成立与管理促进创新，具体措施包括公有事业创新、支持新产业发展、公有事业率先开发使用新技术等
	科技扶持	政府直接或间接支持科学技术发展，具体措施包括科技基础设施建设，如建立实验室、科学中心、创新中心；科学资源库、标准和技术协议等的研发和建设；科技服务，如建设新型研发机构、产业联合创新中心、产业联盟、工程、专业协会、产业集群等
	教育培训	政府针对教育体制和人才培养及培训的政策，具体包括产业相关学科建设、人才培养、职业教育、技术培训、见习计划等
	信息支持	政府鼓励技术与产业相关的信息流通，具体措施包括建立信息交流平台，建设产业公有数据库、资料库，建设图书馆，提供技术顾问、咨询、科普和联络服务，信息基础设施建设，构建信息网络等
	财政支持	政府通过科技资金投入促进产业发展，具体措施包括科学基金引导、产业研发投入、企业创新基金等
环境面	目标规划	对产业发展做出整体性布局和引导，具体包括策略性措施、技术发展规划、创新鼓励、企业间合作的鼓励、产业的区域性布局等
	财务金融	政府以直接或间接方式给产业发展财务和金融支持，包括提供企业贷款、企业创新补贴、鼓励风险投资、企业出口信用贷款、特许经营等方式以便利企业融资
	税收优惠	给企业税收减免，鼓励创新，包括减免间接税、租税抵扣、降低税额等
	知识产权	通过保护知识产权促进产业技术创新，具体包括设立产业知识产权相关标准、知识产权保护等
	法规管制	设立产业相关制度、法律法规、监管制度、规范措施等，以及行业标准、环境健康标准以引导产业有序发展，包括立法、监管规章制度、准入措施等

续表

需求面	政府采购	通过中央和地方政府对产业相关技术产品、服务等的采购鼓励企业发展，具体包括政府和公营事业采购等
	购置补贴	从消费端入手的产业相关产品购买补贴
	服务外包	政府以外包形式为产业创新提供相应配套服务设施，包括基建、信息、健康、交通等服务的维护、监管与创新
	贸易管制	通过进出口贸易管制措施刺激需求，包括产品关税、贸易协定、货币汇率调节
	海外机构	政府直接或间接通过协助企业设立海外分支机构以促进海外需求，包括设立海外贸易组织、成立国际组织、搭建全球化平台等

采用三维分析框架对国家级石墨烯产业创新政策进行分析（见图6-6），对各政策演进阶段和创新过程中国家层面促进石墨烯发展的相关政策工具变化以及石墨烯产业创新政策所着眼的产业应用领域进行较为全面的分析，探索政策对石墨烯产业创新的促进作用和政策工具之间的相互关系。

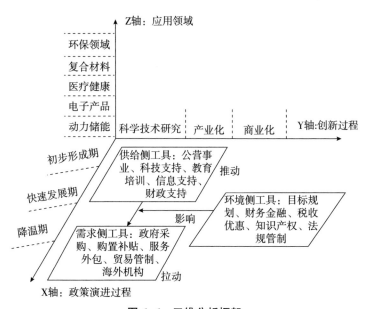

图6-6　三维分析框架

2. 数据收集和编码

本章从中央地方政府网站、"北大法宝"、中国工程科技知识中心政策文献库中收集涉及石墨烯的法律法规、部门规章、规范性政策文件，进一步筛选、整理，共获得国家级政策 109 项（政策时间跨度为 2011～2021年）。其中，直接针对石墨烯产业发展（即标题中带有"石墨烯"）的政策文件仅有 6 项，其余均为在具体行文中涉及石墨烯产业的间接相关政策。为确保政策文本的权威性、可行性和代表性，进一步对 109 项政策进行筛选，剔除回复类等文件类型，获得 82 份政策文本。随后对国家层面的石墨烯产业政策文本按照"政策编号—具体章节号—具体条款号—政策工具顺序"进行编码，同一政策条款使用多种政策工具，均予以记录。

（二）结果分析

1. 整体分析

基于对石墨烯政策工具分析单元的编码，统计 2011～2021 年使用不同类型政策工具分配比例，如表 6-9 所示。2011～2021 年颁布的 82 项政策使用 96 次。其中，2/3 集中在环境面，1/3 集中在供给面，需求面政策非常少。进一步分析具体政策工具的类型如下：

表 6-9　2011～2021 年石墨烯国家级政策工具使用次数占比

一级工具	二级工具	二级工具占比（%）	一级工具占比（%）
供给面	科技扶持	13.54	34.38
	教育培训	5.21	
	信息支持	5.21	
	财政支持	10.42	
环境面	目标规划	44.79	64.58
	财务金融	3.13	
	税收优惠	1.04	
	知识产权	4.17	
	法规管制	11.46	
需求面	贸易管制	1.04	1.04

首先，目标规划类的环境面政策工具使用最多，占所有政策工具的44.79%。这类政策工具多以五年规划纲要、产业技术创新能力发展规划以及专门的石墨烯产业创新发展规划的形式体现，通过确定石墨烯产业化重点方向和领域，引导资源配置，突破核心技术，推进技术开发和产业化应用示范，为商业化提供基础。此外，各类目录指导也是推进石墨烯产业化的重要政策工具，如产业发展与转移指导目录、产业结构调整目录、西部地区鼓励类产业目录等对石墨烯产业的区域布局、项目审批、信贷获取、税收和土地优惠具有指导性作用。法规管制类的环境面政策工具占比达11.46%，说明随着石墨烯产业的发展，国家层面已逐步建立起石墨烯产品质量监督检验体系、产业标准体系、市场监管体系以规范、推进产业有序发展。

其次，科技扶持、财政支持类的供给面政策工具也分别达到10%以上比例。科技扶持类工具具体体现为国家对科技企业孵化器、创新创业基地、创新中心、应用开发产业发展联盟的建设，以直接或间接支持石墨烯技术开发和产业发展；财政支持类工具以国家各类科学研究基金、产业研发投入和工业转型升级资金等形式对石墨烯技术和产业进行支持。

最后，教育培训、信息支持、知识产权、财务金融、贸易管制类政策工具也少量被使用。知识产权类工具主要体现为设立与石墨烯产业知识产权相关的标准和保护；财务金融类工具体现为鼓励外商投资优势产业、提供企业贷款、便利企业融资等措施；贸易管制类工具体现为鼓励进口等贸易管制措施。

2. 各阶段政策工具分析

与上文分析一致，根据已有的 82 项国家级石墨烯相关政策的频数分布，可以将石墨烯政策分为初步形成期（2011~2014 年）、快速发展期（2015~2017 年）和降温期（2018~2021 年）三个演进阶段，分别对应 12项、48 项和 22 项政策。不同阶段使用政策工具的种类和组合不同，如表 6-10 和图 6-7 所示。整体来看，国家层面促进石墨烯发展的相关政策工具呈现"初步形成期以供给面为主、环境面为辅，快速发展期以环境面为主、供给面为辅，降温期以环境面为主"的变化趋势。

表 6-10　2011~2021 年石墨烯国家级一级政策工具各阶段使用次数占比

单位:%

工具类型	初步形成期 2011~2014 年	快速发展期 2015~2017 年	降温期 2018~2021 年
供给面合计	8.33	21.88	4.17
环境面合计	4.17	41.67	18.75
需求面合计	0.00	1.04	0.00
政策工具合计	12.50	64.58	22.92

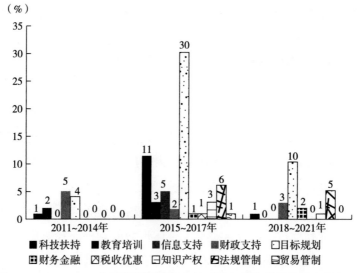

图 6-7　2011~2021 年石墨烯国家级二级政策工具各阶段使用次数占比

（1）初步形成期（2011~2014 年）：政策工具以供给面为主、环境面为辅。该时期属于政策的起步期，政策工具使用频数占全时期政策工具使用总数的 12.50%，政策工具以供给面为主、环境面为辅。其中，供给面政策工具采用财政支持（5%）、教育培训（2%）和科技扶持（1%）等方式，环境面则采用目标规划（4%）方式。

（2）快速发展期（2015~2017 年）：政策工具以环境面为主、供给面为辅。经过前期的初步布局，国家在 2015~2017 年仅仅三年时间中密集使用各类环境面和供给面的政策工具，政策工具使用频数占全时期政策工具使用总数的 64.58%，以环境面为主、供给面为辅。其中，环境面政策工具主要采用目标规划（30%）、法规管制（6%）、知识产权（3%）、财务金融（1%）、税收优惠（1%），供给面政策工具主要采用科技扶持（11%）、信息支持（5%）、教育培训（3%）、财政支持（2%），少量采用的需求面政策工具为贸易管制（1%）。

（3）降温期（2018～2021 年）：政策工具以环境面为主。降温期政策数量急剧减少，这期间政策使用频数占全时期政策工具使用总数的 22.92%，以环境面为主。其中，环境面政策工具采用目标规划（10%）、法规管制（5%）、财务金融（2%）等方式，供给面采用财政支持（3%）和科技扶持（1%）等方式。

可以说，在初步形成期，政策工具使用不多、种类较少，主要以财政支持类和目标规划类政策工具为主。快速发展期由目标规划类政策工具领衔，政策工具数量大幅增加、种类更加丰富，这一时期国家以石墨烯产业技术开发、应用示范、区域布局、目录指导等规划类政策为主，促进石墨烯产业技术开发、应用示范、区域布局，指导资源配置。同时，更多支持科技企业孵化器、创新创业基地、创新中心、应用开发产业发展联盟建设的科技扶持类也是这一时期主要采用的政策工具。此外，法规管制、知识产权、财务金融、教育培训等环境侧政策工具开始出现。值得注意的是，这一时期的财政支持类等供给侧工具数量反而减少。到了降温期，各类政策工具普遍使用减少，但目标规划类政策工具依旧是该时期使用最多的政策工具。法规管制类和财务金融类政策工具数量在这一时期减少较少或基本保持不变，成为这一时期主要使用的政策工具，说明随着产业化程度的加深以及各类参差不齐的石墨烯产品出现，国家越来越注重产业标准、质量监督、知识产权、金融支持等环境面政策工具的使用。

3. 创新过程中的政策工具分析

在对石墨烯相关政策进行内容分析单元编码及统计基础上，对不同政策条款按照科学技术研究—产业化的创新过程进一步分类，如表 6-11 所示。

表 6-11 基于创新过程的石墨烯相关国家级政策条目统计情况

	供给面				环境面					需求面					小计
	公营事业	科技扶持	教育培训	信息支持	财政支持	目标规划	财务金融	税收优惠	知识产权	法规管制	政府采购	购置补贴	服务外包	贸易管制	海外机构	
科学技术研究	0	2	2	0	7	10	0	0	0	0	0	0	0	0	0	21
产业化	0	11	3	5	6	39	3	1	4	11	0	0	0	1	0	84

注：有 9 项政策条款既属于科学技术研究，也属于产业化，这类政策条款包含财政支持类 3 项、目标规划类 6 项。

从创新过程看，面向科学技术研究的政策条款数量较少，仅占 20%，集中在供给面，这些政策多以政府支持石墨烯相关科学研究与科技项目、加强对前沿新材料研发的规划、建设石墨烯共性技术体系以及培养新材料专业人才为主。这是由于以科技项目为载体的科技投入在政府文件中并不能充分体现。从当前我国石墨烯文章发表和专利数据申请情况看，从 2011 年起，我国发表的石墨烯论文数量在全球排首位，全球 34% 的论文来自中国[178]，2014~2019 年我国石墨烯相关的专利数量始终排名全球第一，尤其是 2019 年甚至占到 70%[188]，这些数据间接证明了中国在石墨烯科研领域的投入不少，基础研究处于领先位置。

面向产业化的政策条款占比高达 80%，环境面（55.24%）和供给面（23.81%）政策工具居多，多涉及政府对石墨烯产业发展的目标规划与部署、法规管制以及建设创新中心、产业集群、创新平台、产业园、产业联盟等科技扶持等内容。这说明，目前石墨烯正处于大规模产业化的前夕，国家高度重视单层薄层石墨烯粉体、高品质大面积石墨烯薄膜工业制备技术、柔性电子器件大面积制备技术，以及面向先进能源、航空航天、传感器件、节能环保等高端应用领域的石墨烯产业化瓶颈的突破。

4. 政策着力的应用领域分析

为了分析政策对石墨烯应用领域的支持情况，将以上 82 份政策文本中涉及应用领域内容的部分进行统计，发现有 20 项政策条目都涉及石墨烯应用领域，且几乎均属于目标规划类型。从具体产品来看，与石墨烯相关的国家政策主要关注储能器件、防腐涂料、传感器、触控器件、电子元器件、新型显示、锂电池负极、石墨烯发热器件、电热膜以及基于石墨烯薄膜、石墨烯功能纤维的穿戴等。从应用领域来看，石墨烯相关的国家政策主要关注动力储能、复合材料、电子产品、医疗健康，此外，环保领域也较为关注。2015 年《关于加快石墨烯产业创新发展的若干意见》明确指出，石墨烯材料的发展方向为储能、导电、导热或复合材料、功能涂料、光电子微电子材料以及环境治理与医疗诊疗用新材料，未来应用场景聚焦在高端装备制造、新能源及新能源汽车、新一代显示器件、智能休闲健身等领域。

为进一步了解现实中不同应用领域发展存在的差异，对第三章石墨烯技术关系所涉及的应用领域或产品进行词频统计（见表 6-12），结果如下：

（1）"电池"在样本企业技术合作中最为突出，合作数量多达 64 次，几乎是排名次之的"涂料"出现频次的 2 倍。当前基于石墨烯添加剂的电池产业已开始盈利，这些方向可能是石墨烯最有可能最快实现大规模应用的领域。产生这一现象可能一方面受益于国家对新能源汽车的相关补贴及政策扶持，较多企业的产品布局中涉及新能源电池方向；另一方面由于巨大的应用前景和市场驱动，各类新能源电池需求企业为其提供应用场景，驱动石墨烯电池技术的快速发展。这也间接说明了虽然政策在石墨烯具体的应用领域上没有太大区分，但是应用领域的发展和需求是石墨烯这类新材料从哪个方向率先实现产品突破的重要影响因素。

（2）"涂料""防腐""导热""电容""电子""手机""触摸屏""医疗"等词也出现较高合作频率，尤其是华为、小米、苹果等公司均已开始使用石墨烯导热纸。这些现象也说明，在相关政策的推动下，相比之前石墨烯的"虚火过旺"，当前石墨烯在电池、电容等动力储能，防腐涂料等复合材料，手机、触摸屏、显示屏等电子产品，以及医疗健康等应用领域发展势头良好。但是，面向光电芯片、柔性器件、电子芯片的石墨烯高端领域在当前技术合作较少，未来还需要进一步加速布局。

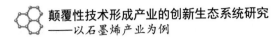
（3）理疗护具、智能穿戴、石墨烯基叉车、电缆、油墨、路灯、轮胎、橡胶、润滑剂、润滑油、口罩、采暖、保暖等石墨烯产品的技术合作频繁，这说明目前市场上石墨烯相关产品存在着鱼龙混杂、产品质量参差不齐、产品同质化的现象。虽然石墨烯产业技术创新战略联盟已出台《含有石墨烯材料的产品命名指南》等相关标准，但是对于什么是真正（本征）石墨烯还存在争议，如采用氧化还原法制备的石墨烯往往带有悬挂键，甚至有些石墨烯是多层而非单层。基于这些"石墨烯"的产品往往无法发挥石墨烯颠覆的性能，而企业往往为取得良好的市场效益倾向着眼于见效快、市场规模容易打开的产品，甚至可能偏离原有方向，导致石墨烯"噱头大于实际"。

表6-12　石墨烯技术关系中涉及的应用领域词频统计　　单位：次

应用领域	词频	统计数量	应用领域	词频	统计数量
动力储能	电池	64	复合材料	涂料	37
	电容	20		防腐	31
	能源	14		粉末	16
	蓄电池	3		复合材料	16
	储能	2		电缆	10
	汽车	2		涂层	9
电子产品	电子	16		油墨	5
	手机	14		聚酯	4
	触摸屏	12		电线	3
	柔性	8	医疗健康	医疗	15
	显示屏	4		口罩	4
	键盘	4		采暖	3
	传感器	3		保暖	3
	芯片	2	中间产品	导热	34
其他	叉车	6		导电	25
	路灯	12		电热	23
	轮胎	5		薄膜	12
	橡胶	3			
	润滑剂	1			
	润滑油	1			

通过以上分析可知，整体上看，政策工具变化的总体趋势以及政策着力的应用领域符合石墨烯产业发展规律，但是仍然存在一些问题：一是税收优惠等市场化手段激励措施和政府采购等需求面的政策工具方面还比较缺失，随着产业的进一步发展有待加强；二是需从创新生态系统的整体加强石墨烯产业的创新政策布局；三是政策的精准性有待进一步提高，未来需要在构建完善的制度环境、公共服务体系与公共基础设施、教育培养体系等功能性政策的基础上，结合石墨烯行业发展情况和特点实现"量身定造"。

第二节　我国石墨烯产业发展相关政策建议

当前，石墨烯产业处于应用主导阶段，各个企业正在对石墨烯技术和产品的各种形式进行探索，具有"撒手锏"级应用的产品主导设计正在突破的前夜，高质量、集约化和成本低廉的宏量制备技术是石墨烯产业发展的关键制约因素。本书认为，在此阶段需要保持战略定力，遵循"料—材—器—用"的规律和颠覆性技术形成产业的发展规律，抓住攻克关键技术的"牛鼻子"，从创新生态系统整体上考虑石墨烯产业政策，助力尽快迈入市场导入阶段。对此，本书提出以下具体的政策建议：

（1）加强顶层设计，保持战略定力。一是明晰发展石墨烯产业的长期性和艰巨性，越是在"泡沫"逐渐退去之时，越需要认识到当前是我国石墨烯产业化突破的关键时期，既要有战略性、全局性的规划设计，也要通过政策引导助力市场进行快速试错、快速迭代。二是一方面要对支撑国家重大战略性方向发展的高端石墨烯高科技产业发展保持定力，从国家层面布局，确保未来核心竞争力；另一方面也要注意不能过度介入市场。三是要进一步稳定支持石墨烯制备、分散等相关科学和关键性技术研究，持续不断地夯实石墨烯技术和产业发展的根基。

（2）打造良好的石墨烯产业创新生态。一是通过政府部门引导，进一步构建"官—产—学—研—用"的创新生态体系，充分发挥企业、高校、科研院所各自在基础研究、人才、技术方面的优势，协同攻克石墨烯产业化制备、分散、应用等关键技术。二是进一步建立和发挥孵化器、创新中心、新型研发机构在技术应用研发和技术转移转化方面的优势，加快关键技术成果的转化。三是建立产学研合作信息服务平台，提高创新网络的信息交流与合作密度，帮助企业切实解决技术需求和技术难题。四是实施税收优惠，加大企业研发投资补贴，促进高质量石墨烯产品研发。五是设立小企业创新研究计划（SBIR）和小企业技术交换计划（STTR），支持石墨烯中小微企业研发创新和商业推广。六是进一步以政府资金引导社会资金的投入，建立多元化投入机制，将风投公司打造成为石墨烯产业创新生态系统中的"基石物种"。

（3）加强石墨烯产业的资源整合和标准制定。一是鼓励石墨烯产业下游领域大型龙头企业深度参与石墨烯产业，支持企业并购重组，不断提高石墨烯产业集中度，发挥龙头企业带动引领效应。二是进一步完善石墨烯行业标准，尽快研究出台与国际接轨的石墨烯材料国家标准，鼓励有条件的企业和研究机构积极参与国家和行业标准制定，尽快完善复合材料、涂料、电池等较为成熟的应用领域的相关标准。三是研究制定行业准入标准，限制石墨烯产业低端化发展，促进高品质石墨烯的制备以及产品向高端化方向发展。

第三节　本章小结

本章对 1775 项国家级、省级和市级石墨烯相关的政策进行文本挖掘，分析石墨烯政策类型、颁布机构以及演进阶段等现状，接着采用内容分析方法对国家级石墨烯创新政策在各演进阶段的作用机理进行分析，最后在以上基础上，结合前文石墨烯产业发展现状及面临的问题，以及颠覆性技术形成产业的创新生态系统理论研究，提出针对性的政策建议。结论如下：

（1）总体来看，目前与石墨烯相关的科技政策还没有上升到法律法规层面，多以规范性文件的形式出现，在国家层面，工业和信息化部、发展改革委、科技部是石墨烯政策主要制定主体。从地方政策来看，福建、广西、浙江、北京、黑龙江、江苏、山东、上海、安徽、河北各省份重视石墨烯产业发展，颁布较多政策，同时，颁布各层级政策数量靠前的省份往往也拥有较多的石墨烯企业，表明石墨烯产业得到的地方政府支持力度较大，产业的投入资金主要来自民间，属于典型的"自下而上"模式。从时间阶段来看，中国石墨烯政策发展可以分为孕育期（2006~2010年）、初步形成期（2011~2014年）、快速发展期（2015~2017年）和降温期（2018~2021年）。

（2）国家层面石墨烯产业的政策工具 2/3 集中在环境面，1/3 集中在供给面，需求面政策非常少。促进石墨烯发展的相关政策工具呈现"初步形成期以供给面为主，快速发展期以环境面为主、供给面为辅，降温期以环境面为主"的变化趋势。随着产业化程度的加深以及各类石墨烯产品的出现，国家越来越注重产业标准、质量监督、知识产权、金融支持等环境面政策工具的使用，未来国家在科技扶持、税收优惠等市场化手段的激励措施以及政府采购等需求面的政策工具方面还有待进一步加强。

（3）从创新过程来看，已有的政策条款主要面向产业化，多以环境面政策工具和供给面政策工具为主，涉及政府对石墨烯产业发展的目标规划与部署、法规管制以及建设创新中心、产业集群、创新平台、产业园、产业联盟等科技扶持等内容。

（4）石墨烯产业处于应用主导阶段，各个企业正在对石墨烯技术和产品的各种形式进行探索，具有"撒手锏"级应用的产品主导设计正在突破的前夜，高质量、集约化和成本低廉的宏量制备技术是石墨烯产业发展的关键制约因素。本书认为，在此阶段需要保持战略定力，遵循"料—材—器—用"的规律和颠覆性技术形成产业的发展规律，抓住攻克关键技术的"牛鼻子"，从创新生态系统整体上考虑石墨烯产业政策：一是政府要加强顶层设计，保持战略定力；二是要打造良好的石墨烯产业创新生态；三是加强石墨烯产业的资源整合和标准制定。

研究结论与政策建议

第一节　主要结论

当前和今后很长一段时间，科技将是大国博弈的主要战场，抢占科技制高点的颠覆性技术成为大国博弈的重要战略抓手。我国高度重视颠覆性技术，近几年中华人民共和国科学技术部、中国工程院、中国科学院等机构进行了多层次实践探索并取得初步成效，也面临某些颠覆性技术难以成功产业化而被束之高阁的困境。随着创新范式从线性范式、创新体系转向网络化、生态化的创新生态系统，推动颠覆性技术形成产业的创新生态系统的完善成为全球竞争的焦点和难点。

因此，本书围绕颠覆性技术形成产业的创新生态系统，首先，基于对颠覆性技术和产业创新生态系统相关文献的系统梳理，归纳了既有研究的不足，提出了本书的研究思路和研究方法；其次，对颠覆性技术、产业创新生态系统等基本概念进行界定，以演化经济学、技术创新、复杂网络等理论为基础分析了颠覆性技术形成产业的过程和特殊性，构建了颠覆性技术形成产业的创新生态系统结构、演化阶段及机制分析的理论框架。

基于以上研究，本书对石墨烯产业创新生态系统进行了实证分析。首先，对石墨烯产业发展阶段和现状进行分析，给出选择石墨烯产业作为实证对象的理由；其次，基于价值网络分析法构建了两个复杂网络对石墨烯产业创新生态系统的构成和相互关系进行分析，进一步基于价值网络和系统动力学方法对其演化进行深入分析和仿真预测，剖析系统演化的机制；最后，在以上研究基础上，结合中国石墨烯产业政策分析，从创新生态系统的视角对石墨烯产业提出针对性的政策建议。主要研究结论有：

（1）颠覆性技术形成产业的过程具有一般性和特殊性。颠覆性技术形成产业需经历技术主导阶段、应用主导阶段、市场主导阶段和成熟阶段的演进过程，存在技术转为应用（T–A）、应用转为市场（A–M）以及市场转为产业（M–I）的关键节点，具有不连续性、爆发性、边缘性、不确定性、替代性特征。研究认为，石墨烯产业已完成技术到应用的转变，当前正处于应用主导阶段，具有"撒手锏"级应用的产品主导设计正在突破的前夜，已初步形成产业，未来将进一步形成主导产业并引发变革。

（2）颠覆性技术形成产业的创新生态系统是由创新企业与外围高校、科研院所、投资机构、科技中介平台、孵化器、创新平台、政府等创新群落之间以及和创新环境之间相互作用而形成的具有参差交错的复杂结构关系的动态的、开放的复杂自适应系统。以石墨烯产业创新生态系统为例，从构成和互动关系来看，石墨烯产业创新生态系统内各创新主体可按其地位和功能作用分为三个层次、五个种群、九个类型，之间的互动关系可以概括为产业运行种群内部企业（核心层）之间的互动，产业运营种群与创新决策种群、社会参与种群、研发创新种群、创新支持种群（辅助层）之间的互动，以及核心层、辅助层与环境层之间的互动。

（3）颠覆性技术形成产业的创新生态系统分为孕育期、萌芽期、成长期、成熟期和衰退期五个阶段，各阶段创新主体数量、相互联系和资源流动状态及对应复杂网络特征不同，演化的机制包括形成机制、运行机制和演化机制。以石墨烯产业创新生态系统为例，从演进过程来看，石墨烯产业创新生态系统经历了孕育期，正处于萌芽期，即将迈入成长期；从形成机制来看，属于中小企业主导、政府引导、高校和科研机构衍生并存的创新主体集聚模式；从动力机制来看，在市场竞争的压力和动力下，需求牵引和技术推动主体之间构成协同互补网络，各主体依托各自比较优势互补性合作，在竞合机制、扩散机制和保障机制的作用下，推动石墨烯产业创新生态系统的不断演化；未来石墨烯产业发展还需进一步增加网络节点数量，进一步优化资源获取和传递机制，提升信息交流频率和效率。系统动力学分析表明，未来需求企业节点数随时间变化基本呈现"S"型，符合技术扩散规律，此外，石墨烯生产商和石墨烯应用企业技术输入以及需求结构变化对系统未来影响较大。

（4）需要将创新生态系统这一创新范式上升至国家战略层面，从创新生态系统的视角分阶段考虑如何充分发挥各类主体的作用，助推颠覆性技术形成产业。中国对石墨烯产业的政策支持属于"自下而上"模式，国家对石墨烯产业政策的支持经历"初步形成期以供给面为主，快速发展期以环境面为主、供给面政策工具为辅，降温期以环境面为主"的演进，未来国家在科技扶持、税收优惠等市场化手段的激励措施以及政府采购等需求面的政策工具方面还有待进一步加强。从应用领域来看，国家层面与石墨烯直接相关的政策条目与对电子产品、动力储能、复合材料几个领域的支持情况相差无几；相比于之前石墨烯"虚火过旺"，当前石墨烯在电池、电容等动力储能，防腐涂料等复合材料，手机、触摸屏、显示屏等电子产品，医疗健康等应用领域发展势头良好，但是面向光电芯片、柔性器件、电子芯片的石墨烯高端领域的技术合作较少。未来要抓住攻克关键技术的"牛鼻子"，从创新生态系统整体上考虑石墨烯产业政策。因此，未来的政策重点：一是政府要加强顶层设计，保持战略定力；二是要打造良好的石墨烯产业创新生态；三是加强石墨烯产业的资源整合和标准制定。

第二节　政策建议

首先，颠覆性技术形成产业的创新生态系统与颠覆性技术形成产业的演化过程密切相关，需要将创新生态系统这一创新范式上升至国家战略层面，在不同阶段制定不同政策，从创新生态系统的视角分阶段考虑如何充分发挥各类主体的作用，助推颠覆性技术形成产业。

（1）技术主导阶段，对应创新生态系统的孕育期。政府要继续加大财政支持力度，增加颠覆性技术领域基础科学研究以及技术创新的研发投入，依托不同类型科技计划面向重点产业领域助力关键技术突破，进一步探索和推动颠覆性技术专项计划的实施；同时要考虑技术本身的生态性，从生态的角度评价科技立项。

（2）应用主导阶段，对应创新生态系统的萌芽期。强化创新主体的开放式创新意识，初步构建开放式的"官—产—学—研—用"的创新生态体系；注意颠覆性技术形成产业的发展规律，制定"普惠式"功能性政策，分散试错风险，尽量避免政策对企业、项目、产品和技术路线的选择性，建立有序竞争的市场，让更多主体参与到创新和市场竞争中；探索建立全方位、多渠道的资金保障和投入机制，鼓励民间资本注入，同时逐步建立一套健全的风险投资、信贷、担保的财政配套政策，引导资金的早期介入；注重通过税收优惠、研发资助、完善中小微企业技术转移的服务平台等方式支持中小微企业创新创业，如设立小企业创新研究计划（SBIR）帮助小企业研制新产品并进行商业推广、设立小企业技术交换计划（STTR）帮助建立小企业与非营利性研究机构的联系。

（3）市场主导阶段，对应创新生态系统的成长期。进一步构建创新网络，充分发挥市场力量，同时要主动完善场景开放机制，适时地推出场景开放机会，促进颠覆性技术成熟和产业发展；要营造公平竞争的市场环境；随着产业的成长和发展，要注意识别颠覆性技术创新的风险，统筹新兴产业发展和旧产业的退出，在弱化经济风险以及社会风险的同时，创新监管模式并跟进监管措施，从而构建出合适的监管体制。

其次，颠覆性技术形成产业需要面对技术、管理、市场冲突带来的不确定性，尤其要注重颠覆性技术形成产业关键节点的识别，通过构建基于创新生态系统的政策体系，有效支持和刺激关键节点的形成和过渡。

（1）要加大对技术到应用（T-A）和应用到市场（A-M）关键节点的

支持，通过适当在特定领域、区域对颠覆性技术和产品实施应用示范政策，重点支持由技术主导阶段向应用主导阶段以及应用主导阶段向市场主导阶段的两个转变；通过增加示范类项目获得投资的机会鼓励市场和企业尽早介入；要通过政策引导加速科研院所和高校的基础性研究转化为商业化应用，要进一步建立和发挥孵化器、创新中心、新型研发机构、信息服务平台在技术应用研发和技术转移转化方面的优势，加快关键技术成果的转化。

（2）要注重对市场到产业（M-I）关键节点的支持，推动打破旧的技术体制结构，鼓励新标准、体制和文化的建立。

第三节　研究不足及展望

本书以石墨烯产业创新生态系统为例，对颠覆性技术形成产业的创新生态系统的结构是什么、是如何演化的、演化的机制是什么、国家如何制定相关战略和政策等问题进行了系统性分析，得到一些有意义的研究结果和政策建议，但是仍然存在一些不足：一是由于石墨烯产业尚未完成全生命周期，因而本书仅研究了石墨烯技术形成产业的新价值网络，而未与旧价值网络进行对比，无法更为生动地刻画"颠覆"的过程和效果。二是颠覆性技术形成产业的创新生态系统是具有复杂结构关系的动态的、开放的复杂自适应系统，本书对石墨烯产业创新生态系统演化的实证研究侧重于从技术视角分析产业创新生态系统，虽尽量考虑了投融资、人力资本和创新政策，但仍然难以全面反映企业家精神和文化、创新收益等动力要素，需要结合石墨烯产业现实情况对动力、竞合、扩散和保障机制进行分析。三是完全依据基于技术关系的复杂网络结构建立系统动力学模型研究创新生态系统的演化及影响的关键因素，存在一定局限性。

建议从以下方面再做深入研究：一是在未来各种数据可能的情况下，构建包含投融资、创新环境、投入等多要素的系统动力学模型，更加全面、真实地对石墨烯创新生态系统进行仿真和预测；二是可将本书的思路和方法拓展到其他不同领域、不同阶段的产业，不仅对其他行业的研究具有极强的借鉴意义，同时也可以与石墨烯产业创新生态系统进行对比分析，为颠覆性技术形成产业的创新生态系统研究提供资料和证据。

参考文献

［1］程如烟，孙浩林．主要经济体支持颠覆性技术创新的政策措施研究［J］．情报学报，2021（12）：1263-1270.

［2］刘刚．中国智能经济的涌现机制［J］．重庆邮电大学学报（社会科学版），2019（5）．

［3］Christensen C M. 创新者的窘境［M］．胡建桥，译．北京：中信出版社，2014.

［4］Christensen C M，Raynor M，McDonald R. What is Disruptive Innovation? ［J］．Harvard Business Review，2015（93）：11.

［5］Gilbert C，Bower J L. Disruptive Change. When Trying Harder is Part of the Problem［J］．Harvard Business Review，2002，80（5）：94-101.

［6］Markides C. Disruptive Innovation：In Need of Better Theory［J］．Journal of Product Innovation Management，Blackwell Publishing Inc Malden，USA，2006，23（1）：19-25.

［7］Snihur Y，Thomas L D，Burgelman R A. An Ecosystem-level Process Model of Business Model Disruption：The Disruptor's Gambit［J］．Journal of Management Studies，Wiley Online Library，2018，55（7）：1278-1316.

［8］Cozzolino A，Verona G，Rothaermel F T. Unpacking the Disruption Process：New Technology，Business Models，and Incumbent Adaptation［J］．Journal of Management Studies，2018，55（7）：1166-1202.

［9］Bower J L，Christensen C M. Disruptive Technologies：Catching the Wave［J］．Harvard Business Review，1995，73（1）：43-53.

［10］ Carayannopoulos S. How Technology-based New Firms Leverage Newness and Smallness to Commercialize Disruptive Technologies ［J］. Entrepreneurship: Theory and Practice, 2009, 33（2）: 419-438.

［11］ Danneels E. Disruptive Technology Reconsidered: A Critique and Research Agenda ［J］. Journal of Product Innovation Management, 2004, 21（4）: 246-258.

［12］ Danneels E. Dialogue on the Effects of Disruptive Technology on Firms and Industries: From the Guest Editor ［J］. Journal of Product Innovation Management, 2006, 23（1）: 2-4.

［13］ Christensen C M, Raynor M E. The Innovator's Solution: Creating and Sustaining Successful Growth, Harvard Business Review Press, 2013.

［14］ Govindarajan V, Kopalle P K, Danneels E. The Effects of Mainstream and Emerging Customer Orientations on Radical and Disruptive Innovations ［J］. Journal of Product Innovation Management, 2011, 28（S1）: 121-132.

［15］ Charitou C D, Markides C C. Responses to Disruptive Strategic Innovation ［J］. MIT Sloan Management Review, 2003, 44（2）: 55-63.

［16］ Danneels E. Disruptive Technology Reconsidered: A Critique and Research Agenda ［J］. Journal of Product Innovation Management, Wiley Online Library, 2004, 21（4）: 246-258.

［17］ Anderson B. The Evolution of Technological Trajectories 1890-1990 ［J］. Structural Change and Economic Dynamics, 1998, 9（1）: 5-34.

［18］ Ansari S S, Garud R, Kumaraswamy A. The Disruptor's Dilemma: TiVo and the US Television Ecosystem ［J］. Strategic Management Journal, 2016, 37（9）: 1829-1853.

［19］ Christensen C M, Baumann H, Ruggles R, et al. Disruptive Innovation for Social Change ［J］. Harvard Business Review, 2006, 84（12）: 94-101+163.

［20］ Govindarajan V, Kopalle P K. Disruptiveness of Innovations: Measurement and an Assessment of Reliability and Validity ［J］. Strategic Management

Journal, 2006, 27 (2): 189-199.

［21］Guttentag D. Airbnb: Disruptive Innovation and the Rise of an Informal Tourism Accommodation Sector ［J］. Current Issues in Tourism, 2015, 18 (12): 1192-1217.

［22］Guttentag D A, Smith S L J. Assessing Airbnb as a Disruptive Innovation Relative to Hotels Substitution and Comparative Performance Expectations ［J］. International Journal of Hospitality Management, 2017 (64): 1-10.

［23］Schmidt G M, Druehl C T. When Is a Disruptive Innovation Disruptive? ［J］. Journal of Product Innovation Management, 2008, 25 (4): 347-369.

［24］陈继祥，王敏. 破坏性创新理论最新研究综述 ［J］. 科技进步与对策, 2009, 26 (11): 155-160.

［25］Padgett D, Mulvey M S. Differentiation Via Technology: Strategic Positioning of Services Following the Introduction of Disruptive Technology ［J］. Journal of Retailing, 2007, 83 (4): 375-391.

［26］Sherif K, Zmud R W, Browne G J. Managing Peer-to-peer Conflicts in Disruptive Information Technology Innovations: The Case of Software Reuse ［J］. MIS Quarterly: Management Information Systems, 2006, 30 (2): 339-356.

［27］Kostoff R N, Boylan R, Simons G R. Disruptive Technology Roadmaps ［J］. Technological Forecasting and Social Change, 2004, 71 (1-2): 141-159.

［28］Hwang J, Christensen C M. Disruptive Innovation in Health Care Delivery: A Framework for Business-model Innovation ［J］. Health Affairs, 2008, 27 (5): 1329-1335.

［29］Ramani S V, Mukherjee V. Can Breakthrough Innovations Serve the Poor (bop) and Create Reputational (CSR) Value? Indian Case Studies ［J］. Technovation, 2014, 34 (5-6): 295-305.

［30］Baden-Fuller C，Dean A，McNamara P，et al. Raising the Returns to Venture Finance ［J］. Journal of Business Venturing，2006，21（3）：265-285.

［31］Govindarajan V，Kopalle P K. The Usefulness of Measuring Disruptiveness of Innovations Ex Post in Making Ex Ante Predictions ［J］. Journal of Product Innovation Management，2006，23（1）：12-18.

［32］Si S，Chen H. A Literature Review of Disruptive Innovation：What It Is，How It Works and Where It Goes ［J］. Journal of Engineering and Technology Management，2020（56）：101568.

［33］魏俊峰，赵超阳，谢冰峰. 跨越现实与未来的边界——DARPA 美国国防高级研究计划局透视 ［M］. 北京：国防工业出版社，2015.

［34］Shaffer A R. Disruptive Technology：An Uncertain Future ［R］. Director Defense Research and Engineering Washington DC Plans and Programs，2005.

［35］孙永福. 引发产业变革的颠覆性技术内涵与遴选研究 ［J］. 中国工程科学，2017，19（5）：1-108.

［36］Damanpour F，Wischnevsky J D. Research on Innovation in Organizations：Distinguishing Innovation-generating from Innovation-adopting Organizations ［J］. Journal of Engineering and Technology Management，2006，23（4）：269-291.

［37］Nagano M S，Stefanovitz J P，Vick T E. Innovation Management Processes，Their Internal Organizational Elements and Contextual Factors：An Investigation in Brazil ［J］. Journal of Engineering and Technology Management，2014（33）：63-92.

［38］Gilbert C. Disruption Opportunity ［J］. MIT Sloan Management Review，2003，44（4）：27-32.

［39］李丫丫，潘安，彭永涛. 新兴产业产生：识别、路径及驱动因素 ［J］. 技术经济，2016，35（8）：62-66+117.

[40] 许泽浩，张光宇，廖建聪. 基于战略生态位管理视角的颠覆性技术成长过程研究 [J]. 中国科技论坛，2016（2）：5-9.

[41] 于霞，代坤，宁艳. 航天领域颠覆性技术及其对航天产业影响 [J]. 今日科苑，2018（3）：10-16.

[42] 朱承亮. 颠覆性技术创新与产业发展的互动机理——基于供给侧和需求侧的双重视角 [J]. 内蒙古社会科学，2020（1）.

[43] 鲍萌萌. 创新生态系统视角下新兴产业颠覆性创新路径研究 [D]. 哈尔滨理工大学，2019.

[44] 沈虹，齐欢，张子刚，等. 生物技术商业化系统及未来 [J]. 高科技与产业化，2002（1）：4.

[45] 周述琴，傅强，王敏. 新兴技术演化的生态系统分析 [J]. 科技进步与对策，2007，24（8）：3.

[46] 吴滨，韦结余. 颠覆性技术创新的政策需求分析——以智能交通为例 [J]. 技术经济，2020，39（6）：8.

[47] 程如烟，孙浩林. 主要经济体支持颠覆性技术创新的政策措施研究 [J]. 情报学报，2021，40（12）：1263-1270.

[48] 李桢，欧光军，刘舒林. 高技术企业颠覆性技术创新能力影响因素识别与提升探究——基于创新生态系统视角 [J]. 技术与创新管理，2021，42（1）：20-28.

[49] Han J, Hayashi Y. A System Dynamics Model of CO_2 Mitigation in China's Inter–city Passenger Transport [J]. Transportation Research Part D Transport & Environment, 2008, 13（5）：298-305.

[50] Hyun T, Kim D-H. The Evolution of Korean Information Infrastructure and Its Future Direction：A System Dynamics Model [J]. ETRI Journal, 1998, 20（1）.

[51] 任海英，程善宝，黄鲁成. 基于系统动力学的新兴技术产业化策略研究 [J]. 科研管理，2013，34（5）：21-31.

[52] 缪小明，刘啦. 基于系统动力学的电动汽车产业化政策研究

［J］. 软科学，2015，29（8）：6.

［53］王霞，李雪，郭兵. 基于 SD 模型的文化产业创新生态系统优化研究——以上海市为例［J］. 科技进步与对策，2014，31（24）：64-70.

［54］李煜华，武晓锋，胡瑶瑛. 共生视角下战略性新兴产业创新生态系统协同创新策略分析［J］. 科技进步与对策，2014，31（2）：4.

［55］Paap J，Katz R. Anticipating Disruptive Innovation［J］. Research Technology Management，2004，47（5）：13-22.

［56］Tellis G J. Disruptive Technology or Visionary Leadership? ［J］. Journal of Product Innovation Management，2006，23（1）：34-38.

［57］Klenner P，Hüsig S，Dowling M. Ex-ante Evaluation of Disruptive Susceptibility in Established Value Networks——When Are Markets Ready for Disruptive Innovations? ［J］. Research Policy，2013，42（4）：914-927.

［58］Linton J D. De-babelizing the Language of Innovation［J］. Technovation，2009，29（11）：729-737.

［59］张国胜. 技术变革、范式转换与我国产业技术赶超［J］. 中国软科学，2013（3）：53-65.

［60］董铠军. 产业技术范式：概念、结构及演进机制辨析［J］. 科技进步与对策，2018（16）：11.

［61］宁朝山. 工业革命演进与新旧动能转换——基于历史与逻辑视角的分析［J］. 宏观经济管理，2019（11）：18-27.

［62］苏启林. 破坏性技术、组织创新与产业成长预测［J］. 中国工业经济，2006（11）：117-124.

［63］梅亮，陈劲，刘洋. 创新生态系统：源起、知识演进和理论框架［J］. 科学学研究，2014，32（12）：10.

［64］王高峰，杨浩东，汪琛. 国内外创新生态系统研究演进对比分析：理论回溯、热点发掘与整合展望［J］. 科技进步与对策，2021，38（4）：10.

［65］Lundvall B K. Product Innovation and User-Producer Interaction

［R］. Aalborg Universitetsforlag，1985.

［66］Ohno K. Christopher Freeman. Technology Policy and Economic Performance：Lessons from Japan ［J］. Journal of Economics & Business Administration，1989，159：67-70.

［67］Lundvall B A. National Innovation Systems：Towards a Theory of Innovation and Interactive Learning ［C］. Innovation & Interactive Learning，2010.

［68］李钟文. 硅谷优势：创新与创业精神的栖息地 ［M］. 南京：江苏人民出版社，2002.

［69］［美］威廉·J. 克林顿，小阿伯特·戈尔. 科学与国家利益 ［M］. 曾国屏，王蒲生，译. 北京：科学技术文献出版社，1999.

［70］曾国屏，苟尤钊，刘磊. 从"创新系统"到"创新生态系统" ［J］. 科学学研究，2013，31（1）：9.

［71］［美］维克多·黄，格雷格·霍洛维茨. 硅谷生态圈：创新的雨林法则 ［M］. 诸葛越，译. 北京：机械工业出版社，2015.

［72］［美］安纳利·萨克森宁. 地区优势：硅谷和128公路地区的文化与竞争 ［M］. 曹蓬，等译. 上海：上海远东出版社，1999.

［73］Moore J F. The Death of Competition：Leadership and Strategy in the Age of Business Ecosystems ［M］. New York：Harper Business，1996.

［74］Iansiti M，Levien R. Strategy as Ecology ［J］. Harvard Business Review，2004，82（3）：68-126.

［75］Adner. Match Your Innovation Strategy to Your Innovation Ecosystem ［J］. Harvard Business Review，2006：12.

［76］Riedl C，Bhmann T，Leimeister J M，et al. A Framework for Analysing Service Ecosystem Capabilities to Innovate ［C］//17th European Conference on Information Systems，ECIS 2009，Verona，Italy，2009.

［77］［美］朱迪·埃斯特琳·美国创新在衰退？ ［M］. 闾佳，翁翼飞，译. 北京：机械工业出版社，2010.

［78］赵放，曾国屏. 多重视角下的创新生态系统 ［J］. 科学学研究，

2014, 32（12）: 1781.

［79］Amit R, Zott C. Value Creation in E-business［J］. Strategic Management Journal, 2001, 22（6/7）: 493-520.

［80］Engler J, Kusiak A. Modeling an Innovation Ecosystem with Adaptive Agents［J］. International Journal of Innovation Science, 2011, 3（2）: 55-67.

［81］Rohrbeck R, Hlzle K, Gemünden H G. Opening Up for Competitive Advantage—How Deutsche Telekom Creates an Open Innovation Ecosystem［J］. R&D Management, 2010, 39.

［82］West J, Wood D. Creating and Evolving an Open Innovation Ecosystem: Lessons from Symbian Ltd.［M］. Social Science Electronic Publishing, 2008.

［83］陈畴镛, 胡枭峰, 周青. 区域技术创新生态系统的小世界特征分析［J］. 科学管理研究, 2010（5）: 5.

［84］黄鲁成. 区域技术创新系统研究: 生态学的思考［J］. 科学学研究, 2003, 21（2）: 5.

［85］张利飞, 吕晓思, 张运生. 创新生态系统技术依存结构对企业集成创新竞争优势的影响研究［J］. 管理学报, 2014, 11（2）: 229-237.

［86］Ideascale. What are Innovation Ecosystems and How to Build and Use Them［EB/OL］.（2011-05-16）［2023-04-06］. https: //innovationmanagement. se/2011/05/16/what-are-innovation-ecosystems-and-how-to-build-and-use-them/.

［87］Wang P. An Integrative Framework for Understanding the Innovation Ecosystem［J］. Advancing the Study of Innovation and Globalization in Organizations, 2009: 301-314.

［88］Adner R, Kapoor R. Value Creation in Innovation Ecosystems: How the Structure of Technological Interdependence Affects firm Performance in New Technology Generations［J］. Strategic Management Journal, 2010, 31（3）: 306-333.

［89］吴金希. 创新生态体系的内涵、特征及其政策含义［J］. 科学学研究, 2014, 32（1）: 9.

［90］吴陆生，张素娟，王海兰，等．科技创新生态系统论视角研究［J］．科技管理研究，2007，27（3）：30-32.

［91］Frosch R A，Gallopoulos N E. Strategies for Manufacturing［J］. Scientific American，1989，261（3）：144-153.

［92］Malerba F. Sectoral Systems and Innovation and Technology Policy［J］. Revista Brasileira de Inovação，2003，2（2）：329-375.

［93］Malerba F. Sectoral Systems of Innovation and Production［J］. Research Policy，Elsevier，2002，31（2）：247-264.

［94］Gawer A，Cusumano M A. Industry Platforms and Ecosystem Innovation［J］. Journal of Product Innovation Management，2014，31（3）：417-433.

［95］林婷婷．产业技术创新生态系统研究［D］.哈尔滨工程大学，2012.

［96］李春艳，刘力臻．产业创新系统生成机理与结构模型［J］.科学学与科学技术管理，2007，28（1）：6.

［97］伍春来，赵剑波，王以华．产业技术创新生态体系研究评述［J］.科学学与科学技术管理，2013，34（7）：9.

［98］耿喆，徐峰，贾晓峰．我国人工智能产业创新生态系统构建研究［J］.全球科技经济瞭望，2018，33（11）：7.

［99］张笑楠．战略性新兴产业创新生态系统构建与运行机制研究［J］.技术与创新管理，2016，37（6）：7.

［100］李晓华，刘峰．产业生态系统与战略性新兴产业发展［J］.中国工业经济，2013.

［101］Hart D，et al. The Innovation Imperative：National Innovation Strategies in a Global Economy-Edited by Göran Marklund，Nicholas S. Vonortas and Charles W. Wessner［J］. Papers in Regional Science，Wiley Blackwell，2010，89（4）：881-882.

［102］潘思静．高技术产业创新生态系统的知识共享机制研究［D］.重庆工商大学，2020.

［103］吴菲菲，童奕铭，黄鲁成．中国高技术产业创新生态系统有机性评价——创新四螺旋视角［J］．科技进步与对策，2020，37（5）：10.

［104］张治河．面向"中国光谷"的产业创新系统研究［D］．武汉理工大学，2003.

［105］张治河，胡树华，金鑫，等．产业创新系统模型的构建与分析［J］．科研管理，2006，27（2）：4.

［106］吴绍波．战略性新兴产业创新生态系统协同创新的治理机制研究［J］．中国科技论坛，2013（10）：5.

［107］陈斯琴．企业技术创新生态系统研究［D］．北京工业大学，2008.

［108］王娜，王毅．产业创新生态系统组成要素及内部一致模型研究［J］．中国科技论坛，2013（5）：7.

［109］杨道虹．我国集成电路产业自主创新生态系统研究［J］．电子工业专用设备，2008，37（9）：5.

［110］陈丽．海洋生物制药自主创新生态系统建模与仿真研究［D］．中国海洋大学，2008.

［111］欧忠辉，朱祖平，夏敏，等．创新生态系统共生演化模型及仿真研究［J］．科研管理，2017，38（12）：9.

［112］陈瑜，谢富纪．基于Lotka-Voterra模型的光伏产业生态创新系统演化路径的仿生学研究［J］．研究与发展管理，2012，24（3）：11.

［113］李恒毅，宋娟．新技术创新生态系统资源整合及其演化关系的案例研究［J］．科技创新导报，2014（26）：7-10.

［114］曹如中，刘长奎，曹桂红．基于组织生态理论的创意产业创新生态系统演化规律研究［J］．科技进步与对策，2011，28（3）：5.

［115］王宏起，汪英华，武建龙，等．新能源汽车创新生态系统演进机理——基于比亚迪新能源汽车的案例研究［J］．中国软科学，2016（4）：14.

［116］汪滢．价值网络视角下破坏性技术创新的机理和模式研究

[D]．中国科学技术大学，2009．

[117] 王飞．生物医药创新网络演化机理研究——以上海张江为例 [J]．科研管理，2012，33（2）：48-54．

[118] 刘兰剑，司春林．创新网络 17 年研究文献述评 [J]．研究与发展管理，2009，21（4）：68-77．

[119] 凌和良．产业创新系统运行的机理研究 [D]．江西财经大学，2016．

[120] Adner R，Kapoor R．Value Creation in Innovation Ecosystems：How the Structure of Technological Interdependence Affects Firm Performance in New Technology Generations [J]．Strategic Management Journal，2010，31（3）．

[121] 谭劲松，宋娟，陈晓红．产业创新生态系统的形成与演进："架构者"变迁及其战略行为演变 [J]．管理世界，2021，37（9）：167-191．

[122] Chen Y，Rong K，Xue L，et al．Evolution of Collaborative Innovation Network in China's Wind Turbine Manufacturing Industry [J]．International Journal of Technology Management，2014，65（1-4）：262-299．

[123] 冯立杰．颠覆式创新视角下后发企业价值网络演变路径 [J]．科学学研究，2019，37（1）：9．

[124] 易将能，孟卫东，杨秀苔．区域创新网络演化的阶段性研究 [J]．科研管理，2005，26（5）：24-28．

[125] Brenner T，Greif S．The Dependence of Innovativeness on the Local Firm Population—An Empirical Study of German Patents [J]．Industry and Innovation，Taylor & Francis，2006，13（1）：21-39．

[126] 李金华，孙东川．创新网络的演化模型 [J]．科学学研究，2006，24（1）：135-140．

[127] 谷林洲，邵云飞．复杂网络视角下中国新能源汽车产业的技术创新网络及其优化策略 [J]．技术经济，2016，35（1）：16-21．

［128］Gay B，Dousset B. Innovation and Network Structural Dynamics：Study of the Alliance Network of a Major Sector of the Biotechnology Industry ［J］. Research Policy，Elsevier，2005，34（10）：1457-1475.

［129］杜爽，刘刚. 基于价值网络分析的我国智能产业发展机制研究——以北京智能产业发展为例［J］. 湖南科技大学学报（社会科学版），2020，23（2）：66-74.

［130］苏屹，曹铮. 新能源汽车协同创新网络结构及影响因素研究［J］. 科学学研究，2022，40（6）：1128.

［131］吕国庆，曾刚，顾娜娜. 基于地理邻近与社会邻近的创新网络动态演化分析——以我国装备制造业为例［J］. 中国软科学，2014（5）：97-106.

［132］刘刚，王宁. 创新区与新经济的起源关系和动力机制研究——基于北京海淀区独角兽企业的价值网络分析［J］. 南京社会科学，2018（12）.

［133］刘刚，刘晨. 人工智能科技产业技术扩散机制与实现策略研究［J］. 经济纵横，2020（9）：109-119.

［134］吴传荣，曾德明，陈英武. 高技术企业技术创新网络的系统动力学建模与仿真［J］. 系统工程理论与实践，2010，30（4）：587-593.

［135］胡浩，李子彪，胡宝民. 区域创新系统多创新极共生演化动力模型［J］. 管理科学学报，2011，14（10）：10.

［136］胡军燕，朱桂龙，马莹莹. 开放式创新下产学研合作影响因素的系统动力学分析［J］. 科学学与科学技术管理，2011，32（8）：49-57.

［137］王国红，邢蕊，唐丽艳. 区域产业集成创新系统的协同演化研究［J］. 科学学与科学技术管理，2012，33（2）：8.

［138］唐红涛，朱晴晴，张俊英. 互联网商业生态系统动态演化仿真研究——以阿里巴巴为例［J］. 商业经济与管理，2019（3）：15.

［139］赵树宽，李艳华，姜红. 产业创新系统效应测度模型研究［J］. 吉林大学社会科学学报，2006，46（5）：6.

［140］于焱，孙会敏．基于 DEA 分析法的产业创新系统效率评价方法研究［J］．科技管理研究，2010（2）：3.

［141］张红娟，谭劲松．联盟网络与企业创新绩效：跨层次分析［J］．管理世界，2014（3）：7.

［142］Katherine J，Klein，et al. Levels Issues in Theory Development, Data Collection, and Analysis［J］. The Academy of Management Review, 1994, 19（2）：195-229.

［143］刘安蓉，李莉，曹晓阳，等．颠覆性技术概念的战略内涵及政策启示［J］．中国工程科学，2018，20（6）：15-21.

［144］贾根良．劳动分工、制度变迁与经济发展［M］．天津：南开大学出版社，1999.

［145］Witt U. Evolutionary Economics：An interpretative survey［C］// Dopfer K.(ed.). Evolutionary Econoimics：Program and Scope, Kluwer Academic Publisher, 2001.

［146］盛昭瀚，蒋德鹏．演化经济学［M］．上海：三联书店上海分店，2002.

［147］［奥］熊彼特．经济发展理论［M］．邹建平，译．北京：中国画报出版社，2012.

［148］贾根良．理解演化经济学［J］．中国社会科学，2004（2）.

［149］吴宇晖，宋冬林，罗昌瀚．演化经济学述评［J］．东岳论丛，2004，25（1）：56-60.

［150］Hodgson G M, Knudsen T. Why We Need a Generalized Darwinism, and Why Generalized Darwinism is not Enough［J］. Journal of Economic Behavior & Organization, 2006, 61（1）：1-19.

［151］Nelson R R, Winter S G. An Evolutionary Theory of Economic Change［J］. Administrative Science Quarterly, 1982, 32（2）.

［152］黄宁，张国胜．演化经济学中的技术赶超理论：研究进展与启示［J］．技术经济，2015，34（9）：6.

［153］陈劲，王方瑞．技术创新管理方法［M］．北京：清华大学出版社，2006．

［154］张凤海，侯铁珊．技术创新理论述评［J］．东北大学学报（社会科学版），2008，10（2）：5．

［155］彭靖里，邓艺，李建平．国内外技术创新理论研究的进展及其发展趋势［J］．科技与经济，2006，19（4）：13-16．

［156］陈劲等．科学、技术与创新政策［M］．北京：科学出版社，2013．

［157］李万，常静，王敏杰，等．创新3.0与创新生态系统［J］．科学学研究，2014（12）：3-12．

［158］Laranja M，Uyarra E，Flanagan K. Policies for Science，Technology and Innovation：Translating Rationales into Regional Policies in a Multi-level Setting［J］．Research Policy，Elsevier，2008，37（5）：823-835．

［159］Arnkil R，Järvensivu A，Koski P，et al. Exploring Quadruple Helix Outlining User-oriented Innovation Models［J］．Tampereen Yliopisto，2010．

［160］邢怀滨，苏竣．公共科技政策分析的理论进路：评述与比较［J］．公共管理学报，2005，2（4）：10．

［161］Bush V. Science：The Endless Frontier［J］．Nature，1945，48（3）：231-264．

［162］OECD. The Knowledge-based Economy［J］．General Distribution OCDE/GD，1996，96．

［163］周涛，柏文洁，汪秉宏，等．复杂网络研究概述［J］．物理，2005，34（1）．

［164］郭世泽，陆哲明．复杂网络基础理论［M］．北京：科学出版社，2012．

［165］朱承亮．颠覆性技术创新与产业发展的互动机理——基于供给侧和需求侧的双重视角［J］．2021（1）：112-117．

［166］李玉花，简泽．从渐进式创新到颠覆式创新：一个技术突破的

机制 [J]. 中国工业经济, 2021 (9): 5-24.

[167] 葛亮. 基于专利信息分析的技术生命周期研究——以我国石墨烯制备技术为例 [J]. 情报工程, 2015, 1 (4): 7.

[168] 程善宝. 新兴技术产业化的系统动力学研究——以混合动力汽车产业为例 [D]. 北京工业大学, 2010.

[169] 曾路, 汤勇力, 李从东. 产业技术路线图: 探索战略性新兴产业培育路径 [M]. 北京: 科学出版社, 2014.

[170] 许泽浩, 张光宇. 新技术成长如何跨越"死亡之谷"——基于 SNM 视角的颠覆性技术保护空间构建 [J]. 中国高校科技, 2017 (6): 4.

[171] 黄春萍. 基于 CAS 理论的企业系统演化机制研究 [D]. 河北工业大学, 2007.

[172] Klepper S. Entry, Exit, Growth, and Innovation Over the Product Life Cycle [J]. American Economic Review, 1996, 86 (3): 562-583.

[173] Abernathy W J, Utterback J M. Patterns of Industrial Innovation [J]. Technology Review, 1978, 80 (7).

[174] Gibson D V, Foss L, Hodgson R. Institutional Perspectives in Innovation Ecosystem Development [M]. Moderne Konzepte des Organisationalen Marketing, 2014.

[175] Geim A K. Graphene: Status and Prospects [J]. Science, 2009, 324 (5934): 1530-1534.

[176] Lui C H, Liu L, Mak K F, et al. Ultraflat Graphene [J]. Nature, 2009, 462 (7271): 339-341.

[177] 王莉, 王腾跃, 何向明, 等. 国内石墨烯技术及产业现状分析 [J]. 新材料产业, 2016 (5): 25-31.

[178] 刘忠范. 石墨烯产业路在何方? [J]. 企业家信息, 2021 (4): 2.

[179] 张古鹏. 小世界创新网络动态演化及其效应研究 [J]. 管理科学学报, 2015 (6): 15.

[180] 周灿, 曾刚, 辛晓睿, 等. 中国电子信息产业创新网络演化——

基于 SAO 模型的实证［J］．经济地理，2018（4）：7.

［181］O'Reilly C，Binns A. The Three Stages of Disruptive Innovation：Idea Generation， Incubation， and Scaling ［ J］． California Management Review，2019，61（3）：000812561984187.

［182］周冠蔚，何雨石，杨晓伟，等．石墨烯及其复合材料在锂离子电池中的应用［J］．化学进展，2012，24（2/3）：235.

［183］Forrester R. Sustainable Development Strategy of Industry ［J］．Scientific American，1989.

［184］汪应洛．系统工程（第 3 版）［M］．北京：机械工业出版社，2003.

［185］Rothwell R，Zegveld W. Industrial Innovation and Public Policy：Preparing for the 1980s and the 1990s ［M］．Greenwood，1981.

［186］赵筱媛，苏竣．基于政策工具的公共科技政策分析框架研究［J］．科学学研究，2007，25（1）：5.

［187］吕文晶，陈劲，刘进．政策工具视角的中国人工智能产业政策量化分析［J］．科学学研究，2019，37（10）：10.

［188］宋显珠，肖劲松．我国石墨烯产业发展的喜与忧——全国石墨烯产业发展战略调研的思考［J］．经济，2020（10）：3.

后　记

　　笔者有幸从伊始就作为中国工程科技创新战略研究院颠覆性技术研究团队核心成员参与颠覆性技术战略研究系列项目。2018～2021 年，笔者随项目组先后赴本征方程石墨烯技术股份有限公司现场调研了两次，中途交流了数次。从开始对他们低成本、高质量的石墨烯制备方法感到不可思议，到后来被他们如火如荼的市场开拓和产品开发进程所震撼。本以为石墨烯产业因为"炒作""噱头"而备受争议，而实际上其正在如火如荼地发展，走在最前端的企业家和投资机构、中介服务中心、创新平台以及政府都正冒着风险不断创新。从实地调研来看，石墨烯产业发展经历了技术到应用的转变的关键节点，当前已进入应用主导阶段，未来即将迈入市场主导阶段带来产业变革；但是石墨烯产业仍然面临规模化制备、顶层设计、应用市场、产品鱼龙混杂等瓶颈问题带来的产业发展不确定性。因此，笔者便萌生了以石墨烯产业为例，来研究重大颠覆性技术如何形成产业及其演化的过程和演化的机制是什么，国家应该如何制定相关战略和政策的想法。

　　本书出版得到了很多支持和帮助。首先，感谢颠覆性技术战略研究项目组各位专家，以及中国工程科技创新战略研究院的同事们和朋友们，特别是杜祥琬院士、欧阳晓平院士、赵宪庚院士、胡思得院士、范国滨院士、张科副院长、苗红波主任、彭现科秘书长、曹晓阳研究员、刘安蓉研究员、崔磊磊高工、陈彦蓉老师、刘洁研究员、张建敏研究员、刘剑洪教授和贺浩副教授。其次，感谢南开大学的刘刚教授、张昕蔚博士、李川博士、席江浩博士、霍治方博士、李依菲博士在价值网络方法等方面提供的指导、帮助。感谢中国社会科学院的各位老师和同学们对我的支持和帮助，尤其是李平研究员、王宏伟研究员、吴滨研究员、张艳芳副研究员、苏牧副研究员、王楠副研究员、王珺博士等。感谢经济管理出版社的赵亚荣老师为本书出版付出的努力。书中难免有疏漏之处，文责自负。

最后，感谢中国工程院重大咨询项目"重大颠覆性技术发展若干重大问题研究"（2021-HYZD-9）、重点咨询项目"重大颠覆性技术发展与国家安全的战略问题研究"（2020-XZ-31）、重点咨询项目"颠覆性技术与科技迷雾战略问题研究"（2022-HZ-03），以及"中国技术经济学会青年人才托举工程项目"（No. YESS20220455）的支持。